RAMA

POÈME DRAMATIQUE PAR

PAUL VÉROLA

ILLUSTRATIONS DE A. MUCHA

RAMA

DU MÊME AUTEUR

ROMANS

VERS

THÉATRE

PAUL VÉROLA

RAMA

POÈME DRAMATIQUE

EN TROIS ACTES

ILLUSTRATIONS DE ALPHONSE MUCHA

PARIS

Bibliothèque Artistique et Littéraire

31, RUE BONAPARTE, 31

—

1898

JUSTIFICATION DU TIRAGE

15 Exemplaires sur japon impérial, numérotés de 1 à 15, avec une suite en noir, sur papier de Chine, des illustrations hors texte.

385 Exemplaires sur vélin, numérotés de 16 à 400.

N° 343

ous avons emprunté à l'épisode initial du Ramayana l'action générale de ce drame, action que nous avons développée et modifiée pour pouvoir y faire vivre, dans son ensemble, cette inéluctable responsabilité de nos pensées même les plus secrètes, — car toute pensée est un acte, — cette rédemption large offerte aux plus misérables et cette pitié universelle qui sont la préoccupation primordiale de la philosophie brahmanique.

Dans un autre drame dont Çâkya-Mouni sera le héros, nous verrons comment le même souci de responsabilité, de pitié et d'indulgence, loin d'aboutir, comme pour le brahmanisme, au devoir d'accepter noblement toutes les charges de la vie terrestre, conduira le dernier Bouddha, au contraire, à proclamer l'inanité de cette vie accidentelle et l'obligation d'arracher au sol, par la stérilité et l'extase, le fragment de divinité que chaque être vivant détient.

Rama nous donne assurément la vérité sociale et humaine ; Çâkya-Mouni nous donne peut-être la vérité philosophique et absolue. Ce qui demeure indiscutable, en tout cas, c'est que la fréquentation assidue de l'un comme de l'autre, si elle ne rend pas notre âme immortelle, peut du moins la rendre digne de l'être.

P. V.

A

MON FILS RAYMOND

SANS CHERCHER SI JE FUS OU COURAGEUX OU LÂCHE
EN RESTANT DANS CE MONDE ALORS QUE TU L'AS FUI,
JE VIS; IL ME FAUT DONC CONTINUER MA TÂCHE.
JE FUS TON GUIDE HIER; SOIS MON GUIDE AUJOURD'HUI.

J'AI PU SI PEU POUR TOI! QUE PEUT, HÉLAS! UN HOMME?
MAIS TU VOIS TOUT MON CŒUR, CHER ANGE! ET TU COMPRENDS
QUE SI JE FUS PARFOIS SÉVÈRE, C'EST QU'EN SOMME,
ME SENTANT SI PETIT, JE TE RÊVAIS SI GRAND!

COMMENT, EN TE VOYANT D'UNE SI NOBLE ESSENCE,
ET SANS EFFORTS AU FAITE OÙ JE TENDAIS EN VAIN,
COMMENT N'AI-JE COMPRIS, MON FILS! DÈS TA NAISSANCE,
QUE TON ÊTRE ÉTAIT MÛR POUR L'INFINI DIVIN?

AU LIEU DE T'ENSEIGNER NOTRE PLANÈTE INFÂME,
J'AURAIS DU MOINS RENDU MON CŒUR PLUS ÉTHÉRÉ
EN ÉCOUTANT TA VOIX, EN RESPIRANT TON ÂME,
EN SERRANT CONTRE MOI TON PETIT CORPS SACRÉ.

MAIS NON! JE TE MENAIS A TRAVERS NOS PRAIRIES
POUR T'Y FAIRE CUEILLIR NOS MISÉRABLES FLEURS,
ET JE NE VOYAIS PAS TES MAINS DÉJA FLEURIES
DU LOTUS DE LA PAIX PROMIS A NOS DOULEURS!...

ET SI MAINTENANT, HORS DES BAS-FONDS OU L'ON SOUFFRE,
TU PEUX COMPRENDRE ENCOR NOS PLEURS ET NOTRE NUIT,
TU DOIS ÊTRE EFFRAYÉ DU VERTIGINEUX GOUFFRE
OU JE M'EFFONDRERAI SANS TON CÉLESTE APPUI.

LES ESPOIRS ÉVADÉS DE MON ÂME IMPUISSANTE,
— PAUVRE ÂME DE PYGMÉE AUX DÉSIRS DE TITANS! —
JE LES VOYAIS S'ENFUIR VERS TON AUBE NAISSANTE;
DANS TES ROSES CLARTÉS JE LES VOYAIS, FLOTTANT.

QUE M'IMPORTAIT, ALORS, QUE LE RÊVE FAROUCHE
S'ENFUÎT OBSTINÉMENT A L'APPEL DE MA VOIX?
JE SAVAIS QUE, DOCILE AUX SOUFFLES DE TA BOUCHE,
SON VOL RESPLENDISSANT S'ARRÊTERAIT SUR TOI.

MAIS DÉSORMAIS, OÙ DONC SE REPLIERONT LES AILES
DES OISEAUX LUMINEUX QUI DÉSERTENT MON CIEL,
SI TU NE M'APPRENDS PAS L'HARMONIE ÉTERNELLE
QUI FIXE AUPRÈS DE NOUS LES SONGES IMMORTELS?

OUVRE LE CIEL, MON FILS! A QUI T'OUVRIT LA TERRE!
A QUI T'ENSEIGNA L'HEURE, APPRENDS L'ÉTERNITÉ,
ET CONDUIS DOUCEMENT MON ÂME SOLITAIRE,
DE LA NUIT D'ICI-BAS, AUX SUPRÊMES CLARTÉS!

PARIS, NOVEMBRE 1895.

PERSONNAGES

LE ROI, 60 ans.

RAMA, fils aîné du Roi.

LAKSHMANA, frère de Rama.

BHARATA, frère de Rama, fils de Kesséyl, 16 ans.

SOUMANTRA, chef des coursiers.

LE CHEF DES BRAHMES.

ÇATROUGHNA, vieil anachorète.

UN POÈTE.

KESSÉYL, favorite du Roi, 35 ans.

KAUÇALYA, mère de Rama, 45 ans.

SITA, femme de Rama, 20 ans.

MANTARA, nourrice et confidente de Kesséyl.

UNE VIERGE.

UNE SUIVANTE.

GUERRIERS. — BRAHMES.

Dans l'Inde, vers le XIIe siècle avant Jésus-Christ.

ACTE
I

ACTE PREMIER

Décor :
Dans le Palais d'Ayodyhâ,
la salle du trône.

Scène I

LE ROI, SOUMANTRA

LE ROI

ᴇᴛ maintenant il faut que nos meilleurs coursiers,
Dont l'écumante ardeur blanchit les freins d'acier ,
Aillent, dans tous les cœurs où le Ciel se révèle,
Semer joyeusement la féconde nouvelle.

(Rama entre.)

Scène II

Lᴇs Mᴇ́ᴍᴇs, RAMA

LE ROI, à Rama.

Sois, ô mon fils! plus que jamais le bienvenu.

(A Soumantra.)

Cours! et que mon désir, trop longtemps contenu,

Jette indistinctement de lumineuses gerbes
En tous, humbles Çoudras ou Kshatryas superbes.

SOUMANTRA

A l'instant, ton vouloir auguste, enfin déclos,
Va se répandre au bruit sonore des galops,
Et ta voix, qu'océans, plaines, monts, rien n'arrête,
Atteindra jusqu'en son désert l'anachorète.

(Il sort.)

Scène III

LE ROI, RAMA

LE ROI

Ne considère pas, mon fils, comme un affront
Qu'on t'ait celé ce qui rend si joyeux mon front!

RAMA

Mon cœur, trop satisfait quand ton âme est sereine,
Ne se plaindrait que si tu lui cachais ta peine.

LE ROI

Sois entre tous béni, fils à la douce voix,
Que mon peuple chérit déjà comme son roi!

Apprends, enfant! que le conseil pieux des Brahmes
A devancé le vœu le plus cher de notre âme.
J'ai vieilli : mais avant que dans mes sens flétris
La fleur de vérité ne soit plus que débris,
Je veux, comblant de joie un peuple qui t'adore,
Près de mon crépuscule asseoir ta blanche aurore;
Et que des pics songeurs à la mer qui combat,
De l'infini d'en haut à l'infini d'en bas,
Tous sachent que ton œil, où l'œil des dieux se mire,
Va réchauffer les cœurs et rajeunir l'empire.

RAMA

On ne peut rajeunir la sainte vérité :
Seule elle est immuable; en eussé-je hérité!

LE ROI

Le plus divin parfum, lorsque l'urne se brise,
Est bientôt dévoré par le sol ou la brise,
Si de pieuses mains n'ont, pour le recueillir,
Toute prête, une autre urne! Enfant! vois-moi vieillir.
Ceux qui lèvent, le soir, vers les Cieux, leur visage,
Peuvent voir une étoile au funèbre présage
Dominer en vainqueur la constellation
Qui régit ma terrestre et brève mission.
Bientôt j'habiterai parmi ceux qui vécurent.

Heureusement, non loin de ce pénible augure,
Un signe favorable illumine les cieux.
Saisis donc sans retard le sceptre des aïeux,
O fils si jeune encor et déjà vénérable,
Et mettant à profit l'augure favorable,
Dès que la lune aura masqué mon astre noir,
Prête ton horizon lointain à mon pouvoir!

RAMA

Père! je suis la jonque errant au gré de l'onde;
Me porte où le voudra ta parole féconde!
Ma voix n'est que ta voix; mon vouloir, que le tien;
Pour compter les trésors que ton âme contient,
L'ermite le plus pur, le plus savant des Brahmes
Devrait user son corps et fatiguer son âme.

LE ROI

Si tu veux entrevoir la sainte vérité,
Interroge l'instinct que donne la bonté;
Par lui tu comprendras que dans l'esprit céleste,
Nos plus grands actes sont souvent nos plus modestes:
Le Bien ne vaut que par ce qu'il coûte d'efforts
Et certain grain donné peut valoir mes trésors.
Ne laisse donc jamais, sous ton trône robuste,

L'arbre s'enorgueillir de n'être pas arbuste ;
Encourage le Bon, bâillonne le Méchant,
Qu'il soit le cèdre altier ou l'humble fleur des champs.
Aux choses comme aux gens, les Dieux, avec largesse,
Donnent, sans se lasser, un peu de leur noblesse ;
Aux fleuves, les prés clairs ; aux astres, les beaux soirs ;
Des ailes aux oiseaux ; aux hommes, le devoir.
Et quiconque accomplit son devoir avec zèle
Brille autant que l'étoile et plane aussi haut qu'elle.
Mais pour demeurer humble en dépit de l'encens
Qu'on brûlera pour toi, sois maître de tes sens
Qui, si tu les suivais, égareraient ta course ;
Car loin d'être une fin, notre âme est une source ;
Pour aller féconder et fleurir l'Univers,
Qu'elle coule, sereine, à travers notre chair,
Sans permettre que les sens vils troublent son onde ;
Sous son pieux effort s'ennoblira le monde
Comme il s'est ennobli lorsque Baghirâtha,
Par ses vertus presque divines, décida
Le Gange qui baignait les étoiles austères
A descendre, attendri, pour consoler la Terre.

RAMA

Je me sens, quand je songe à de pareils labeurs,
Si peu de chose, que le trône me fait peur.

LE ROI

Plaise aux Dieux, mon enfant chéri, que cette crainte
Laisse longtemps en toi sa salutaire empreinte!
Dès qu'on sait mesurer son œuvre à son pouvoir
Qui donc accomplit-il jamais tout son devoir?
Et maintenant, va dans le jeûne et la prière
Éclairer les débuts de ta haute carrière.

RAMA

Mon épouse Sita, qui dans mon être luit
Comme l'astre apaisant qui flotte au sein des nuits,
Peut-elle associer sa voix à ma prière?

LE ROI

Oui, mon enfant! Ensuite, allez près de ta mère
Heureuse que le fils de mon amour premier
Résume mes aïeux et soit leur héritier.
Puisse ainsi s'amoindrir le regret qu'elle traîne
D'être aimée autrement que la nouvelle reine!

RAMA

O Père! Kesséyl m'aime comme son fils;
Ma mère ne saurait haïr ce cœur de lys.

LE ROI

Enfant, va préparer ta grandeur et ma joie.

(Entre Mantara.)

Scène IV

Les Mêmes, MANTARA

MANTARA

O Roi des Rois, salut! Ma maîtresse m'envoie
Pour te dire... à toi seul...

LE ROI, à Rama.

Va, fils!

(Rama sort.)

Scène V

LE ROI, MANTARA

MANTARA

Qu'elle voudrait

Te parler sur-le-champ, dans le plus grand secret.

2

LE ROI

Dis si quelque malheur...

MANTARA

Non! mais dans l'allégresse
Générale, on dirait qu'un lourd chagrin l'oppresse;
Le nom de Bharata... Mais, Seigneur! la voici!

(Kesséyl entre, les cheveux dénoués. Mantara sort.)

Scène VI

LE ROI, KESSÉYL

LE ROI

Divine Kesséyl! Quel est donc le souci
Qui, lorsque mon royaume et moi sommes en fête,
Rougit tes yeux et fait pencher ta noble tête?

KESSÉYL

Que t'importe mon cœur? Baise ma lèvre en feu;
Étreins mon corps et fais de moi ce que tu veux!

LE ROI

Contre quel innocent dois-je tourner ma haine

Ou de quel criminel faut-il briser les chaînes?
Veux-tu qu'un indigent ait des trésors sans fin
Ou qu'un Prince opulent sache ce qu'est la faim?
Auquel de tes désirs fus-je jamais rebelle?
Il compte peu, le Roi, quand la Reine est si belle!

KESSÉYL

Pour amuser ta main, mes cheveux dénoués
Flottent docilement : joue avec ton jouet!

LE ROI

Parle enfin clairement! Kesséyl! fus-je avare?...

KESSÉYL

Les breuvages toujours, et les mets les plus rares,
Je les eus! Tu semas, devant mes pas royaux,
Les fleurs de ta parole et l'or de tes joyaux.
J'ai, sans que nul ait pu me voir solliciteuse,
Tout ce qui fait l'orgueil des âmes vaniteuses,
Puisqu'un regard tombant de mon œil velouté,
Du plus haut souverain flatte la vanité,
Et que ton dais de pourpre aux senteurs liliales
M'accorde la fraîcheur de son ombre royale.

LE ROI

Qu'ai-je omis de t'offrir, Kesséyl? dis-le-moi!
Que puis-je encor donner qui ne soit pas à toi?

KESSÉYL

L'avenir!

LE ROI

L'avenir? C'est là ce qui t'oppresse?

KESSÉYL

Et c'est ce qu'aurait dû pressentir ta tendresse!

LE ROI

Lorsque j'aurai rejoint le monde des remords
Rama t'oubliera-t-il, toi qui régis mon sort?

KESSÉYL

Merci! de me promettre encor qu'au bas du trône
On me continuera tes royales aumônes!
Eh bien, non! mon pouvoir en fût-il plus étroit,
Lasse enfin d'obtenir, je veux avoir des droits;
Et ces droits, je les ai; ces droits, je les réclame
Au nom même de l'éternité de ton âme.

LE ROI

Quel droit t'ai-je nié? quel devoir ai-je enfreint?

KESSÉYL

La pierre qui scintille à ton doigt souverain

Est enviable plus que ne l'est ton amante;
L'âge ne la saurait rendre moins scintillante;
Son règne est éternel. Femmes, que sommes-nous?
Des rubis dont les ans feront de vils cailloux!
Moi je veux, belle encor, être du moins certaine
Que je pourrai vieillir sans cesser d'être reine,
Et je viens exiger de tes serments passés
Ce que j'aurais voulu tenir de mes baisers.

LE ROI

Kesséyl! Kesséyl! j'ai peine à reconnaître
Sous tes traits courroucés la splendeur de ton être.
Donc, sans qu'aucun regret vienne troubler ton cœur,
Tu cherches dans ma mort l'aube de ton bonheur?

KESSÉYL

L'un ne doit-il survivre à l'autre?

LE ROI

                        Soit! Ordonne!
Et qu'Indra, si tes vœux sont impurs, te pardonne!

KESSÉYL

Te souvient-il, ô Roi! de ce combat pieux
Que tu livras, jadis, pour protéger les Dieux?

Si rude fut le choc et l'ennemi si brave
Que, vainqueur, tu reçus une blessure grave.
Revois le palais où, moribond triomphant,
Tu fus porté couvert de sang! j'étais enfant,
Mais, mon cœur les guidant, mes petites mains surent
Laver et refermer ta béante blessure.
Toi, touché, tu juras sur ton âme et ta chair
D'accomplir sans retard mes deux vœux les plus chers.

LE ROI

Et tu t'es refusée à me les faire entendre.

KESSÉYL

Mais ton serment, tu ne voulus pas le reprendre :
— « Garde-le pour l'instant différent d'aujourd'hui
Où tu pourras avoir besoin de mon appui! »
M'as-tu dit.

LE ROI

Prétends-tu, m'infligeant un vain blâme,
Que sur la lèvre j'ai d'autres mots que dans l'âme?

KESSÉYL

Peut-être! car mes vœux...

LE ROI

De grâce! quels sont-ils?

KESSÉYL

Que Rama parte pour quatorze ans en exil
Au fond des bois lointains peuplés d'anachorètes
Et que dès cet instant, par ton ordre, on apprête,
Pour mon fils Bharata, la royale onction.

LE ROI

Ah! voilà donc à quoi tendait ta passion!
Ainsi, pendant qu'en ma confiance illusoire
Je ne séparais pas ton bonheur de ma gloire,
Toi, tu feignais d'aimer, attendant le moment
Où ton orgueil féroce, armé de ce serment
Que tu cachas si bien jusqu'à l'heure propice,
Jugerait ton amant mûr pour le sacrifice ?

KESSÉYL

Que t'ai-je demandé, sinon de nous unir
En notre fils jusqu'au plus lointain avenir ?

LE ROI

Oui! mais de nous unir par une flétrissure!
Tu me tiens entre l'injustice et le parjure.
Puisse du moins la mort en ce même moment
Briser d'un même coup ma vie et mon serment!

Ne permets pas, Yama, que l'on me déshonore!
Nuit éternelle, viens! viens! ô nuit sans aurore!
Si mon œil doit revoir la troublante clarté,
Comment faire comprendre à mon peuple irrité,
Que par mon ordre, sans raison même futile,
Rama, fierté des dieux et des hommes, s'exile?
Quand il verra mourir en moi la vérité,
Mon peuple rougira de ma sénilité.
Non! Vishnou défendra que la fleur de lumière,
Que mon Rama se souille en méprisant son père!

KESSÉYL

Et mon mépris à moi, le comptes-tu pour rien,
Cœur lâche? Dis, dis-moi, quel était le lien
Qui t'unissait à moi? Quel nom avait la fièvre
Qui te faisait pâlir au contact de ma lèvre?
Ainsi, tu n'as jamais, misérable imposteur!
Dans un de tes baisers mis un peu de ton cœur?
Que ne me laissais-tu reine pendant ta vie
Au moins, sans t'efforcer de me voir asservie
A celle qui cueillit, stérilisant mon sort,
Le printemps de ton âme et celui de ton corps!
A celle contre qui j'ai lutté sans relâche,
La pressentant toujours vivante en ton cœur lâche,
Quand, dressant son profil prêt à nous désunir,

Mes baisers réveillaient tes lointains souvenirs ?
Je ne fus qu'un jouet ; elle resta l'épouse
Qui même dédaigna de se montrer jalouse,
L'épouse triomphante et dont les flancs altiers
Sont seuls dignes de te donner un héritier !

LE ROI

Tu sais qu'en moi jamais n'a vécu de rivale
Capable de troubler ta marche triomphale ;
Mon ciel fut dans tes yeux, ma force dans ta chair ;
Ta voix seule rendait mon déclin moins amer :
Tu ne peux donc avoir nul sujet d'amertume.
Roi, je dois le premier obéir aux coutumes ;
Le sceptre que je livre à Rama, c'est son bien,
C'est son droit, comprends-le ! je ne lui donne rien.
Si du Prince au Çoudra, sur sa terrestre route
Chacun traîne sa loi, le roi les traîne toutes,
Et je n'avais rêvé de me sentir moins Roi
Qu'afin de mieux pouvoir ne plus penser qu'à toi.

KESSÉYL

Poursuis alors tout seul ton misérable rêve !
Je veux que mon amour, loin d'abaisser, élève,
Et que pour cet amour trouvant le monde étroit
Un roi soit tout honteux de n'être rien qu'un roi.

3

Avant que l'éclat chaud de mon œil ne pâlisse,
Fleur, je désire avoir l'univers pour calice,
Et tu devrais, tandis que mon cœur te soutient,
Avoir mon âge, au lieu de m'imposer le tien.

LE ROI

Non! c'est un cauchemar! Pitié!

KESSÉYL

                    Tu m'en inspires,
Pauvre pilier croulant sur qui pèse un empire!
Un Roi, cet être aux yeux éclaboussés de pleurs,
Aux membres tremblotants?... Voyez cette pâleur!
Oui! tu me fais pitié!

LE ROI

                    Quoi! ce regard austère,
Ce corps divin cachaient cette âme de vipère?

KESSÉYL

Quoi! ce front recélait sous son air glorieux
L'âme d'un serf et non l'âme des grands aïeux?

LE ROI

Esclave, aurais-je peur, ainsi, d'une souillure?

KESSÉYL

Seras-tu moins souillé quand tu seras parjure?

LE ROI

O Kesséyl! demande-moi tous mes trésors,
Tout ce qui m'appartient! Fais que, jusqu'à ma mort,
Mendiant inconnu, j'aille de ville en ville,
Passant les nuits dans les bois noirs pleins de reptiles!
Exige que ce Roi, fils des plus puissants Rois,
Endure tout, mépris et soif et faim et froid,
Et que plus tard son corps, privé de sépulture,
Du fauve ou du vautour devienne la pâture;
Je supporterai tout, même en te bénissant,
Mais n'avilis que moi, sans avilir mon sang!

KESSÉYL

Ton sang? Mais Bharata n'est-il tout comme... l'autre,
Ton sang? N'est-il donc pas, non *mon* fils, mais le *nôtre*?

LE ROI

Mais songe, Kesséyl...

KESSÉYL

C'est tout songé, je veux!

Tu n'as d'autre devoir aujourd'hui que mes vœux.

(Court silence.)

Va! je ménagerai ton cœur pusillanime.

Tu ne seras, aux yeux de tous, qu'une victime.

(Elle soulève une tenture et fait un geste d'appel. Mantara paraît.)

KESSÉYL, à Mantara.

Que l'on mande Rama!

LE ROI

Kesséyl! Kesséyl!

(Sur un geste de Kesséyl, Mantara sort.)

KESSÉYL

Ne crains rien! Par moi seule il saura son exil;

Je t'innocenterai pourvu que tu te taises

Et me laisses agir : toi, sanglote à ton aise!

LE ROI, révolté.

Eh bien, non!

KESSÉYL, menaçante.

Dès demain, ton peuple, par ma voix,

Apprendra ce que vaut un serment de son roi.

Prends garde! jusqu'au bout je suivrai ma menace!

(Rama entre.)

Scène VII

LE ROI, KESSÉYL, RAMA

RAMA

Père! ton œil me fuit; tu détournes ta face
Humide et pâle, de ton fils, ainsi qu'on fait
En présence de ceux que l'on craint ou qu'on hait;
Tu te tais?... Kesséyl, dis-moi, je t'en supplie,
Dis, si sans le savoir j'ai fait quelque œuvre impie
Ou si quelque malheur que je puis conjurer
Menace le repos de mon père adoré?
Car si tu m'as mandé de mon pieux asile,
C'est que je suis coupable ou puis vous être utile.

KESSÉYL

Rama, tu fus toujours bon, docile, empressé;
Mais enfin, jusqu'ici ton devoir fut aisé;
Tu t'ignores encor, quelque bien que tu fisses,
Car on ne se connaît que dans le sacrifice.

RAMA

Le sort n'a pas pour moi d'assez lourdes rigueurs
Si je puis, en souffrant, rasséréner vos cœurs.

KESSÉYL

Eh bien! toi, l'héritier d'une race si pure,
Pousserais-tu ton père à devenir parjure?

RAMA

Répondre serait faire à mon père un affront :
Certains cœurs sont si forts que rien ne les corrompt.

KESSÉYL

Oui! mais tel qui jamais n'a rien craint pour lui-même,
Devient lâche s'il doit condamner ceux qu'il aime.
Ton père accepterait, certes, joyeusement
Tous les maux pour pouvoir effacer le serment
Qu'il fit, joignant les mains en forme de calice;
Mais moi j'ai le serment et veux qu'on l'accomplisse :
Le Roi peut-il compter sur ton fidèle appui?

RAMA

Son serment est le mien et me lie avec lui.

LE ROI

Tais-toi, mon fils! tais-toi! N'écoute pas, de grâce,
Cet être...

KESSÉYL

Écoute-moi pour l'honneur de ta race!
Ton père parle ainsi par peur de ton courroux!

LE ROI

Mon fils!...

RAMA

O mes parents aimés, apaisez-vous!
Père! dût choir sur moi le plus cruel supplice,
Si tu fis un serment, il faut qu'il s'accomplisse
Sans haine et sans regrets!... Ordonne, Kesséyl!

KESSÉYL

Pendant deux fois sept ans tu vivras en exil
Au fond des bois lointains peuplés d'anachorètes,
Et le sacre, qu'en cet instant même on apprête,
C'est mon fils Bharata qui doit le recevoir.

LE ROI

Insurge-toi, mon fils, contre cet être noir!
Fais ce que je ne puis faire! je t'en supplie,
Cours annoncer partout ma subite folie!
Dis partout que ton père est fou! dis que tu dois
Assumer sans retard tous les pouvoirs du roi...

RAMA

Père! ne m'enseignas-tu pas toujours toi-même
Que tout mot déloyal est du mal que l'on sème
Et qui, suivant la loi des races et des fleurs,
Propage en l'univers son âme et ses couleurs?
Si Kesséyl dit vrai, si vraiment ta parole
Livra ce lourd serment à cette âme frivole,
Au nom de ton honneur sans tache, au nom du mien,
J'obéirai.

KESSÉYL, au Roi.

Dis si je mens.

RAMA, au Roi.

Tu ne dis rien?
Exauce alors les vœux de notre souveraine!
En hâte fais mander, de la cité lointaine
Où sa santé dans un air plus pur le retient,
Mon frère Bharata, désormais ton soutien.
Moi, j'irai dans les bois où tout bruit humain cesse,
Chez les ermites purs, si riches en sagesse,
Et là, certes moins pur, mais non moins humble qu'eux,
Vêtu de peaux ou bien d'un valkala rugueux
Que je saurai tisser avec la jeune écorce

Des arbustes fleuris, je trouverai la force
De vieillir, isolé, près du sol et du ciel
Qui me rappelleront ton regard paternel.

LE ROI

Indra! ne pouvais-tu, dans ta volonté sainte,
Éteindre un peu plus tôt mon âme presque éteinte?

RAMA

O toi dont l'œil embrasse avec sécurité
Le passé, l'avenir de toute vérité,
Ne permets pas aux pleurs d'obscurcir ta sagesse!
Quels regrets puis-je avoir du pouvoir que je laisse?
Père! ne sens-tu pas que Kesséyl, plutôt,
M'enlève, en m'enlevant le sceptre, un lourd fardeau?
Peut-être Indra voit-il que ta race s'altère
A planer trop longtemps loin du sol tutélaire,
Du murmure apaisant des bois et des ruisseaux;
Je ne sais, à leur chant, distinguer les oiseaux
Et dans le moindre pré, lorsque par hasard j'erre,
Tout parfum m'est nouveau, toute voix, étrangère.
Ces frères infinis que dérangent mes pas,
J'ai beau savoir leurs noms, je ne les connais pas!
Et souvent, quand mon œil ignorant les reflète,
Je sens combien mon âme, encor trop incomplète,
Grandirait au contact de ce sol glorieux

4

Qui révéla leur âme à nos premiers aïeux.

(A Kesséyl.)

Quant à toi, Kesséyl, j'hésite presque à croire
Qu'en un instant tu sois devenue aussi noire.
L'âpre voix qui m'exile au fond des bois lointains
Peut n'être pas ta voix, mais celle du destin.
Et peut-être qu'un jour, si quelqu'un te rappelle
Les mots haineux éclos sur tes lèvres trop belles,
Tu penseras n'ouïr que des sons inconnus
Et ton cœur étonné ne les comprendra plus!

KESSÉYL

Quel mal ai-je donc fait? Vouloir couvrir de gloire
Mon fils, cela peut-il avilir ma mémoire?
Ta mère, si c'est mal, a mal fait avant moi,
Puisque, le Roi vivant, elle te voulait Roi!

LE ROI

Cœur misérable et plein de fiel, qui ne désarmes
Ni devant un vieillard étouffé par les larmes,
Ni devant la grandeur de cet enfant divin,
Sois maudit à jamais!

KESSÉYL

Tu me maudis en vain,

Car...

RAMA

N'assombrissez pas mon exil volontaire
Sous l'âpre souvenir d'inutiles colères!
Écoutez ces acclamations!

(Bruit du peuple au dehors.)

Bons, méchants,
Le même espoir les berce tous d'un même chant!
Vous êtes, songez-y, pour ces âmes sans nombre,
L'étoile d'or qui guide à travers la nuit sombre,
Et la voix rassurante, et le geste des dieux
Qui doit montrer l'azur, non le gouffre odieux!

(Il s'approche de la fenêtre.)

UN POÈTE, au dehors.

Vive Rama! Lorsque sur nous son front se penche,
Tout cœur s'emplit d'amour, toute âme devient blanche!

(Acclamations.)

LE ROI

Faut-il que chaque cri d'amour poussé vers toi,
Mon fils! soit un soufflet que ton père reçoit?

UN POÈTE, au dehors.

Son âme bienfaisante autour de nous s'égrène!
Moins fraîches sont les fleurs, la lune est moins sereine.

(Acclamations.)

RAMA, au Roi.

Tu sais qu'on ne chérit en moi que ton reflet.
Mais calme-toi! je vois entrer dans le palais
Et ma mère et mon frère en costume de fête,
Tolère qu'auprès d'eux je sois seul l'interprète
De nos devoirs sacrés et demeure certain
Qu'ils seront tous les deux dociles au destin,
Fussent-ils écrasés sous leur rêve qui croule!...
Ensuite je saurai persuader la foule.

(Entrent Kauçalya et Lakshmana.)

Scène VIII

LES MÊMES, KAUÇALYA, LAKSHMANA

KAUÇALYA

O mon fils! mon Rama! viens sur mon cœur joyeux!...

RAMA

Ce cœur, Mère, je vais le rendre soucieux;
Mais je sais ta sagesse ainsi que ton courage.
Toutefois la révolte aigrit jusqu'au plus sage,
Pauvres nous! imparfaits à ce point qu'il nous faut

Souffrir de nos vertus plus que de nos défauts !
Je te supplierai donc, quelle que soit ta peine,
D'accepter notre sort sans blasphème et sans haine...

KAUÇALYA

Le trouble de ta voix ; ton père sanglotant...

RAMA

Mère ! je vais devoir vous quitter pour longtemps !

KAUÇALYA

Le jour même où ton père à ses côtés t'appelle...

RAMA

Nul aux ordres divins ne doit être rebelle.

KAUÇALYA

Quels ordres ? De quels dieux ?

LAKSHMANA

A-t-il surgi soudain
Quelque ennemi puissant dans nos pays lointains ?
En ce cas, n'as-tu plus de foi dans ma vaillance ?
Ne suis-je plus le chef des guerriers et ma lance...

RAMA

Non! frère! ne crains rien! La paix règne partout :
Puisse-t-elle bientôt être aussi ferme en nous!
Quand vous me répondrez, que votre voix soit celle,
Non du corps fugitif, mais de l'âme immortelle.
Maintenant, écoutez! Prisonnier d'un serment
Solennel comme ceux de l'amante à l'amant,
Le plus sage des rois, le plus tendre des pères
Appelant vainement la mort, se désespère.
O ma mère! nous seuls nous avons le pouvoir
D'empêcher que ne soit mortel ce désespoir.

KAUÇALYA

Hélas! que pourrons-nous si tu nous abandonnes?

LAKSHMANA

L'ordre dont tu parlais, quel est-il? qui le donne?

KESSÉYL

C'est moi!

RAMA

Laisse-moi seul leur parler, Kesséyl!

KAUÇALYA, sourdement.

Cette femme, toujours!

RAMA

Il faut que dans l'exil,
Loin de vous, loin de tous, durant quatorze années,
Vous me laissiez aller remplir mes destinées.

KAUÇALYA

Et qui donc soutiendra ton père?

KESSÉYL

Notre enfant!

KAUÇALYA, à Kesséyl.

Ne lève pas si tôt un regard triomphant!
Car la lutte entre nous, loin de finir, commence,
Et j'ai pour moi les Dieux, le peuple et l'innocence.

KESSÉYL

Le Roi seul est le maître et tiendra son serment.
Tous vous obéirez à nos ordres!

LAKSHMANA

Tu mens!
Certes le Roi peut exiger qu'on obéisse
S'il veut des serviteurs, non s'il veut des complices,
Et dussé-je ameuter les guerriers contre lui,

J'abriterai son cœur, d'où la sagesse a fui,
Contre la lâcheté montante que lui verse
L'éclat de ton regard et de ta chair perverse.

KESSÉYL

Révolte-toi! Rama n'en partira pas moins;
J'ai sa parole en gage et les Dieux pour témoins.

LAKSHMANA, à Rama.

N'as-tu donc de devoirs qu'envers cette rebelle?
Et ta femme? n'as-tu nul devoir envers elle?
Voudras-tu, trahissant la plus sainte des lois,
L'abandonner, ou la traîner au fond des bois,
Elle à qui tu promis richesse et diadème?

RAMA

Je souffre pour Sita bien plus que pour moi-même!
Mais aimant comme elle aime, elle ne peut vouloir
Résider dans mon cœur plus haut que le devoir.
Puisse-t-elle rester!...

KAUÇALYA

Tu connais mal son zèle!

RAMA

Alors j'accepterai cette épreuve nouvelle.

KAUÇALYA, au Roi.

Et tu courbes honteusement ton front royal!
Donc, je n'aurai reçu ton baiser nuptial,
Suivi de tant de nuits solitaires et dures,
Que pour me préparer ces lointaines tortures?
Quand cette femme prit ma place en ton palais,
Tu n'as donc pas compris que je me consolais
En songeant que Rama, quoique fils d'amours brèves,
Était pourtant le seul en qui le roi s'achève,
Car le premier amour, seul, nous prend tout entiers
Et résume une race en un seul héritier.

KESSÉYL, au Roi.

Avant que mon image en toi se soit levée,
Roi! tu n'avais qu'une âme encor inachevée;
Les premières amours sont des essais d'amour,
Vague aspiration vers l'œuvre de toujours,
Et, seul, l'enfant de notre âge mûr nous reflète,
Lui, le rayonnement d'une âme enfin complète.

LE ROI

Ah! n'improvise pas de misérables lois
Pour masquer la noirceur et la mauvaise foi
Qu'engendre tout effort de ton âme déchue,

5

O fille de serpents à la langue fourchue!
Dis-nous plus simplement que ton esprit fatal
Aime le mal et veut que l'on fasse le mal;
Dis-nous que la bonté, la grandeur, la noblesse,
Ainsi que la clarté fait aux hiboux, te blessent,
Et que l'orgueil perfide est ton unique essor.

LAKSHMANA

O mon père chéri! ton cœur n'est donc pas mort?
Il plane donc toujours dans l'azur clair des faîtes?

KAUÇALYA, à Kesséyl.

Tu vois bien que trop tôt tu redressais la tête!

KESSEYL

Je vois que Bharata sera le roi, demain,
Et que vos fronts se courberont sur mon chemin.

LAKSHMANA

Prends garde! Si tu tiens à ton enfant, empêche
Ta bouche d'appeler sur sa tête mes flèches!

KAUÇALYA

Qu'as-tu, pour triompher de nos justes espoirs?
Ni le droit, ni la force!

RAMA

Elle a notre devoir
Qui, d'autant plus sacré qu'il nous est plus pénible,
Mieux que tous les guerriers doit la rendre invincible.

LAKSHMANA

Nous n'avons de devoirs qu'envers de justes lois.
Depuis quand donc le mal réclame-t-il des droits?

RAMA

Frère! il ne fleurit pas de lotus sur l'ortie
Ni de noble beauté sur l'action impie.
Ne sens-tu pas combien un seul égarement
A déjà, dans nos cœurs, mis de mauvais ferments?
Arrachons au plus tôt ces floraisons malsaines
Et, fidèles au vœu sacré qui nous enchaîne,
Pieux et résignés, acceptons notre sort!

KAUÇALYA

Toi donc aussi, Rama, tu désires ma mort?

RAMA

Tu ne mourrais que si tu cessais d'être ceinte
De l'éclat immortel de la vérité sainte.
Pour finir le labeur de ta maternité,

C'est peu que de ta chair nous ayons hérité,
Si, sous le coup brutal d'une révolte impie,
Ton âme ne revit en nous que pervertie.
Songe au monde éternel ! Il faudra, quand les Dieux
Voudront nous rappeler auprès de nos aïeux,
Que notre âme ancestrale, exempte de vils pactes,
Se retrouve, sinon plus grande, au moins intacte.

LAKSHMANA

Tu trahis nos aïeux si tu trahis leurs droits !

RAMA

Ils ne m'ont confié que leur âme de roi
Qui, si je la maintiens grandiose et loyale,
Sans sceptre et sans guerriers peut demeurer royale,
Tout comme on peut avoir, — traître envers ses aînés ! —
L'âme d'un paria sous un front couronné.

LAKSHMANA

Les Dieux ne nous ont pas légué ce grand exemple :
Lequel d'entre eux jamais refusa-t-il un temple ?

RAMA

Oserais-tu nous comparer aux immortels ?

Crois-tu que si les Dieux demandent des autels,
Que si, parmi les chants de nos pieux services,
Ils aiment les vapeurs rouges des sacrifices,
Ce soit le signe impur de quelque vil penchant
Vers l'adulation mesquine et vers le sang?
Non! C'est que tout élan, toute prière ardente
Vers le Bien désiré, vers la Justice absente,
Emplissant notre cœur de divines clartés,
Rend moins lourd notre effort vers la sérénité,
Et que nous approchons plus les sommets austères
Quand des germes de vie, échappés à la Terre
Sous le couteau sacré d'un brahmane au cœur pur,
Ont emporté nos voix dans l'infini d'azur.
Et comme il faut sortir de sa chair pour comprendre,
C'est à nous de monter, non aux Dieux de descendre!
Qu'aucun blasphème donc n'entache notre sang!
Ah! certes! si les Dieux bons étaient tout-puissants,
S'ils n'avaient à lutter contre les viles forces
Qui hantent tout, la chair et la mousse et l'écorce,
Étouffant sans repos les saintes floraisons,
Si les Dieux guidaient seuls notre faible raison
Et que, sans notre appui, pût germer ce qu'ils sèment,
Ils auraient fait de nous des Dieux bons comme eux-mêmes,
Et je ne verrais pas, de mon œil attristé,
Un père sanglotant près d'un fils révolté!

LAKSHMANA

J'ai tort! Pardonne-moi cette courte folie
Par laquelle mon âme allait être salie;
Pardon à toi, mon Père! en qui, tout à la fois,
J'insultais lâchement et mon Père et mon Roi,
Sans voir qu'étroitement prisonnière, ton âme
A besoin qu'on la plaigne et non pas qu'on la blâme.

(Sur une supplication muette de Rama, Kauçalya tombe en pleurant
aux pieds du Roi.)

Vois! Ma mère elle-même, aux pieds de son époux
Implorant le pardon, dépose son courroux!

LE ROI

C'est moi qui vous implore! Ah! puissent mes tortures
Fleurir pour vous en joie aux époques futures!

LAKSHMANA, à Kesséyl.

En inclinant mon front devant tes traits haïs,
C'est à mon père et pas à toi que j'obéis,
Car résigné, mais non vaincu, je te méprise.
Jouis donc librement du pouvoir qui te grise,
Mais sache que jamais, tant que tu régneras,
Tu ne devras compter sur l'appui de mon bras!
Je t'aurais pardonné tout mal fait à moi-même,
Non le mal que tu fais à tant d'êtres que j'aime.

(Au Roi.)

Je viens très humblement, mon père! te prier
De m'alléger du soin de mener tes guerriers.
Je n'ai jamais quitté Rama dont la vaillance
A, chez tes ennemis, détruit toute espérance :
Et si je suis un chef redoutable aujourd'hui,
Je le dois à Rama; je ne le dois qu'à lui :
Il était ma raison, il était le modèle
Dont je m'efforçais d'être une image fidèle;
Mais mon emportement contre toi montre bien
Le néant que je suis quand je perds son soutien;
Et je sens que si, loin de son sort, on m'enchaîne,
Malgré moi, tôt ou tard, éclatera ma haine,
Car je n'ai pas, ainsi que ce frère trop grand,
L'âme d'un saint unie au cœur d'un conquérant.
Donne donc aux guerriers un chef moins indocile!
Moi, je suivrai mon frère où ton serment l'exile.

RAMA

Penses-tu que ces mots réjouissent mon cœur,
Toi qui fuis le danger et qui te crois vainqueur?
Toi qui dis, désertant famille, peuple, maître :
— « Je ne vous ai servis que pour l'amour d'un être ! » —
Allons! ressaisis-toi, mon frère! Il va falloir
Servir enfin non par amour, mais par devoir.

Et pour ne point trahir ma tendresse alarmée
Tu resteras le chef puissant de notre armée,
Toujours prêt à dompter les peuples incertains
Qui voudraient s'opposer à nos nouveaux destins;
Si jamais un danger trop grave vous assaille,
Vous verrez tout à coup, au fort de la bataille,
Un humble ermite, armé de son bâton noueux,
Défier, dans vos rangs, flèches, lances et pieux,
En jetant aux échos un nom qu'on se rappelle.

(A Kesséyl.)

Ne crains donc pas que contre toi l'on se rebelle,
Kesséyl! Ne crains pas que ton fils à l'œil fier,
Que Bharata ne règne en un palais désert!
Je lui remets, intact, tout ce que la naissance
Pouvait me conférer de droits et de puissance,
Convaincu que mes droits, en devenant les siens,
Feront régner partout le beau comme le bien,
Et que l'aspect riant d'une race prospère
Un jour apaisera la douleur de mon père.

KESSÉYL, à Lakshmana.

Me seras-tu fidèle ?

LAKSHMANA

A mon père soumis,
Je ne serai jamais avec tes ennemis.

KESSÉYL

Mais seras-tu contre eux?

LAKSHMANA

       Toujours! si leur audace
Verse sur mon pays l'insulte ou la menace.

RAMA

Reine! n'exige pas de lui d'effort plus lourd!
On peut bien imposer le devoir, non l'amour.
Attends donc que l'oubli, ta bonté, mon absence
Changent en dévoûment sa froide obéissance!
Pour ma mère et les miens sois bonne et, dès ce jour,
En leur parlant de moi, parle de mon retour!
Sache te faire aimer par ceux qui m'aiment! Songe
Qu'en dehors de l'amour d'autrui tout est mensonge...

KESSÉYL, l'interrompant.

Ceux qui me chériront verront bien que mon cœur
Est constant dans l'amour comme dans la rigueur.

LAKSHMANA

Ah! si les dieux étaient constants comme toi-même,
Ils auraient, dans ta gorge, étouffé ton blasphème!
Ne parle pas d'amour! Cela t'est défendu!
Jamais tu n'as...

KESSÉYL, froidement.

Tantôt, que me promettais-tu ?

LAKSHMANA

Oui! c'est vrai! j'ai promis et je courbe la tête.
(A Rama.)
Viens, Frère! j'ai besoin, pour calmer la tempête
Qui gronde en ma poitrine et fait frémir mes doigts,
De n'entendre que toi, de ne plus voir que toi.

RAMA

Avant tout consommons l'œuvre d'obéissance.

(Il va à la fenêtre.)

LA FOULE, au dehors.

Vive! vive Rama!

RAMA, à la foule.

Guerriers, faites silence!
Toi, peuple, suspendant un instant ta gaîté,
Obéis ainsi qu'eux avec docilité!
Vous tous, qui m'écoutez, çoudras, kshatryas, brahmes,
Vous savez que ma voix, exempte de tout blâme,
Ne vous mena jamais que vers la vérité,
Ne me faites donc pas l'affront immérité,

Si l'ordre que je vais vous donner vous chagrine,
De laisser un murmure envahir vos poitrines.
Au nom du Roi dont chaque geste est une loi ;
Au nom de notre mère adorée et de moi ;
Au nom de Lakshmana, votre chef invincible ;
Au nom des dieux, enfin ! dont le regard paisible
M'encourage du haut de ce ciel éclatant,
Voici ce que j'apprends à tous : dès cet instant,
J'abdique tous mes droits au trône des ancêtres,
Et je proclame, seul héritier et seul maître,
Mon frère Bharata, dont l'âme encor en fleur
Répandra sur vous tous d'odorantes lueurs,
Car venu depuis peu dans ce monde où tout peine,
Il garde le parfum d'un ciel exempt de haine,
Et vous aurez, avec mon père auprès de lui,
Tout le peu de divin qui brille en notre nuit :
Si l'enfant vient du ciel, le vieillard y remonte ;
Tous deux planent, sereins, au-dessus de nos hontes,
Moi, par contre, j'arrive à l'âge redouté
Où, trop humain, le cœur perd sa sérénité.
Mais les dieux, me comblant de leur sollicitude,
M'accordent quatorze ans de large solitude
Et d'affranchissement de mes devoirs de Roi :
Qu'ils soient bénis par vous comme ils le sont par moi !
Car tandis qu'au milieu des forêts généreuses

Je serai devenu leur hôte à l'âme heureuse,
Vous, vous tous, vous allez garder, petits ou grands,
Chacun envers chacun, époux, roi, fils, parents,
Ce réseau de devoirs qui sans répit enchaîne
Jusqu'au moindre vouloir de notre race humaine.
Du moins pour soutenir vos pénibles efforts
Laissez-moi, sur vous tous, répandre mes trésors,
Mes vains joyaux qui, dans la forêt solitaire,
Valent moins qu'un fruit mûr ou qu'un filet d'eau claire,
Prenez ce trône lourd où brillent, dans l'or pur,
Près des clairs diamants, les turquoises d'azur,
Symbole de bonté céleste et de puissance;
Prenez ces flacons d'or pleins de rares essences
Qui, même par les jours les plus brûlants d'été,
Rendent aux membres las toute leur volupté;
Ces riches éventails, évocateurs des brises;
Prenez mon dais royal que des rubis irisent
Comme un fleuve de sang sous un ciel de midi;
Mon sceptre, par un flot de saphirs alourdi;
Mes éléphants, mes étalons, mes armes même,
Prenez tout!...

(Depuis un instant, Sita est entrée et s'est tenue debout, à quelques
pas derrière Rama; elle s'avance alors, arrache son diadème et le
jette à la foule.)

Scène IX

Les Mêmes, SITA

SITA, à la foule.

Et prenez aussi mon diadème.

RAMA

Toi ?...

SITA

L'épouse a le droit de suivre son époux.
(Au peuple.)
Voici mes bracelets, mes bagues ! prenez tout !
Esclaves ! répandez toutes mes pierreries !
Je me contenterai des fleurs de nos prairies,
Trop fière si Rama chérit encore mes yeux
Quand je n'aurai pour moi que les dons seuls des dieux.

RAMA, à Kesséyl.

De ta gloire orgueilleuse où de mon humble vie,
Laquelle, Kesséyl, crois-tu digne d'envie ?
(Au Roi.)
O Père ! si ton front était moins ténébreux,

Ce jour serait parmi mes jours les plus heureux!
    (A la foule.)
Fêtez notre départ en d'heureuses paroles!
Tandis que claqueront au vent les banderoles,
Vous, poètes sacrés, et vous, joyeux danseurs,
Réjouissez les yeux, les oreilles, les cœurs,
Et que partout l'encens, brûlé de porche en porche,
Parfume la lueur crépitante des torches
Car en quittant les devoirs lourds de la cité,
Je vais non vers l'exil, mais vers la liberté.

Rideau.

ACTE
II

ACTE DEUXIEME

Même décor
qu'au premier acte,
mais coupé, dans sa profondeur,
par de vastes tentures de deuil qui masquent entièrement
le fond de la scène.
Vingt jours sont écoulés depuis l'abdication de Rama.

Scène I

KESSÉYL, MANTARA

MANTARA

Reine! cet orgueil glacial m'épouvante.
Certes ton âme est plus que la mienne savante,
Mais tes raisonnements, en leur sage rigueur,
Satisfont ma raison, sans soumettre mon cœur.
Eh quoi? pas un regret, une larme, pas une,
Sur notre pauvre Roi, source de ta fortune?
Quoi? devant ton époux qu'a tué notre orgueil...

KESSÉYL

N'était-il pas à l'âge où l'on franchit le seuil
De la cité d'Yama? Puis, ne m'a-t-il, lui-même,

Interdit de l'aimer? J'aime quiconque m'aime
Et je hais qui me hait.

MANTARA

Ne t'aimait-il pas, lui?

KESSÉYL

Oui! comme un ornement ou comme un chasse-ennui.

MANTARA

Il te comblait, pourtant.

KESSÉYL

Des étoffes, des pierres!...
N'en couvrit-il donc pas son éléphant de guerre,
Et son sceptre, et son dais, et son trône orgueilleux?
Mais dès qu'il faut me mettre au rang de ses aïeux,
Faire un être de moi, dès que mon âme, lasse
Et pauvre dans le luxe où mon corps se prélasse,
Croit juste qu'à son tour on l'enrichisse un peu,
Ah! de quel front alors on accueille son vœu!
Comme on me fait sentir que cet amour infâme
S'adressait à ma chair et non pas à mon âme.

MANTARA

Mais son devoir...

KESSÉYL

Je sais, oui! le grand mot, toujours!
Quand on aime, on n'a plus de devoir, hors l'amour.
Qu'il m'ait, dans un moment de colère, honnie,
Maudite même, soit! Mais qu'en son agonie
Son cœur n'ait eu pour moi qu'un souvenir haineux;
Que mon erreur d'un jour, mon crime, si tu veux,
Ait de vingt ans d'amour effacé toute trace,
Ne laissant vivre en lui que l'orgueil de sa race,
C'est plus qu'il n'en fallait pour me donner le droit
D'être fière d'avoir fait de mon fils un roi,
Non un esclave.

MANTARA

Esclave, eût-il jamais pu l'être?

KESSÉYL

Plus on est près du roi, plus on est près du maître.
Le moindre Kshatrya, dans un district lointain,
Est plus libre qu'ici le fils du souverain.

MANTARA

T'offensa-t-on jamais?

KESSÉYL

Tu n'as pas conscience

De ce qu'il me fallut d'efforts, de patience
Pour défendre, contre cette horde de loups,
Une vaine faveur qui fit tant de jaloux.
Ah! non! Pas pour mon fils cette servile lutte,
Ce pouvoir que lambeau par lambeau l'on dispute!
Non! non! je veux qu'il soit le maître incontesté.

MANTARA

Et s'il refuse en apprenant la vérité?

KESSÉYL

Cachons-la-lui d'abord.

MANTARA

                    D'autres peuvent la dire.

KESSÉYL

Pour convaincre un enfant d'accepter un empire
Est-il besoin d'avoir de si forts arguments?

MANTARA

Ah! ne prêtons pas trop à tous nos sentiments!
Rama, qu'a-t-il donc fait pour sauver sa couronne?
Il t'a dit : « Tu la veux? prends-la! mais deviens bonne! »
Et tu sais bien que sans ses parents en courroux
Peut-être tu serais tombée à ses genoux.

KESSÉYL

Si tous lui ressemblaient!... Mais après tout, quand même,
A-t-il, pour être grand, besoin d'un diadème,
Lui?... Je l'ai dépouillé de trésors superflus...
Et du reste, c'est dit; c'est fait; n'en parlons plus.
Si mon fils apprend tout et que son cœur trop tendre
S'indigne, je saurai comment lui faire entendre
Que quiconque possède un cœur vraiment royal,
Doit s'avouer qu'un bien jaillit toujours d'un mal;
Qu'avant d'avoir des fleurs, lotus ou scabieuses,
Ou de jeter au ciel des cimes orgueilleuses,
Toute plante a rampé dans quelque fond impur;
On peut monter mais on ne naît pas dans l'azur,
Et le plus criminel devient vite sublime
Si son triomphe est plus éclatant que son crime.

MANTARA

Pour toi-même ton acte est donc un crime?

KESSÉYL

                                        Non!

Mais si je défaillais je lui vaudrais ce nom.
Chasse donc ces remords où l'âme s'annihile!
Mon fils franchit déjà l'enceinte de la ville;

Je vais, dans un instant, l'avoir à mes genoux;
S'il faut lutter, nous lutterons : préparons-nous!

(Bas.)

Voici Kauçalya! Tu vas voir, innocente!

(Kauçalya passe lentement en voiles de deuil.)

Scène II

LES MÊMES, KAUÇALYA

KESSÉYL, s'avançant vers Kauçalya.

Reine! pour Bharata ne sois pas inclémente!
Ne le repousse pas! Lui, n'a fait aucun mal.

KAUÇALYA

Il doit porter le feu sous le bûcher royal
Et verser sur le corps les suprêmes essences :
Il a droit désormais à mon obéissance.

KESSÉYL

Reine! si tu savais...

(Kauçalya détourne la tête et sort lentement.)

Scène III

MANTARA, KESSÉYL

KESSÉYL, à Mantara.

Maintenant, sens-tu bien
Que si mon fils n'est tout, il ne sera plus rien?
Le pardon n'éclôt pas dans ces âmes hautaines
Et je n'ai de salut, désormais, qu'en la haine!

MANTARA

Je t'approuvais hier; il me semble aujourd'hui
Qu'un esprit du néant t'aveugle et te conduit;
Je tremble pòur toi...

KESSÉYL

C'est que ton âme vulgaire
Voudrait bien le butin, mais a peur de la guerre.
Or, vouloir s'enrichir en fuyant les combats,
C'est voler! Je conquiers, moi, je ne vole pas!

MANTARA

Puisses-tu jusqu'au bout demeurer aussi forte!

Scène IV

LES MÊMES, UNE SUIVANTE, puis BHARATA

UNE SUIVANTE, à Kesséyl.

Reine! voici le Prince! Il a franchi la porte
Du palais...

KESSEYL

   Conduis-le sans retard près de moi.
 (A Mantara.)
Laisse-nous!

   (La suivante et Mantara sortent. — Bharata entre.)

Scène V

KESSÉYL, BHARATA

KESSÉYL

 O mon fils!

BHARATA

     Je suis tremblant d'émoi,
Mère! partout je vois de funèbres présages;
Rassure-moi!

KESSÉYL

Mon fils auras-tu du courage?

BHARATA

La ville est morne; tous les fronts sont soucieux;
Je ne vois ni Rama ni mon père en ces lieux,
Ni Lakshmana, ni même aucune de nos mères;
Déjà tes messagers avaient des airs sévères;
Quel malheur nous accable?

KESSÉYL

Enfant! Rends ton cœur fort!

BHARATA

Parle! de grâce?

KESSÉYL

Eh bien! le Roi, ton père, est mort.

BHARATA

Mort? lui que j'ai quitté joyeux et fort naguère?
Qu'avons-nous fait aux Dieux? Oh! mon père! mon père!
Je ne verrai donc plus, au lever du soleil,
Dans tes yeux bien-aimés éclore le réveil?
Quand je m'approcherai de ta divine couche,

S

Immobile sera ta main, close, ta bouche,
Et je sangloterai, sans que ta douce voix,
Pour me rasséréner, chante comme autrefois?
Nos cris de désespoir, ton cœur, ton cœur si tendre,
Sans un seul battement pourra-t-il les entendre?

KESSÉYL

Mon fils!

BHARATA

Tandis qu'ici mon père agonisait,
Que vous pleuriez tous, moi, moi, gaîment je chassais;
J'épiais lâchement quelque pauvre antilope!...
Oh! que l'âme sort peu du corps qui l'enveloppe!

KESSÉYL

Calme-toi!

BHARATA

Je partis, vous laissant tous heureux...
O mes frères!... Rama!... qu'on me mène auprès d'eux!
Viens! allons les trouver près du corps de mon père!...
Rama surtout, Rama, le seul en qui j'espère!

KESSÉYL

Mon fils! à de plus grands malheurs préparons-nous.

BHARATA

Mort? Rama?

KESSÉYL

Non! mais...

BHARATA

Oh! parle! je deviens fou!

KESSÉYL, vivement.

Rama vit; seulement, sur l'ordre de ton père
Il a dû s'exiler... Une faute... légère...

BHARATA

Qui? Rama? Cette fleur de notre humanité,
Empreinte des parfums saints de la vérité?
Lui, pur parmi les purs, fort parmi les robustes?
Non! c'est faux! il n'a pu commettre un acte injuste
On a trompé mon père!

KESSÉYL

Hélas! non! c'est trop vrai,
Car mon époux m'en a confié le secret.

BHARATA

Ah! si ce n'est un lourd cauchemar qui me broie,
En qui donc, désormais, voulez-vous que je croie?
O Rama! toi, l'espoir des bons et la terreur
Des méchants, as-tu pu commettre cette erreur

Qui fait que notre père, en sa douleur profonde,
Est mort sans nul soutien, lui le soutien du monde ?

KESSÉYL

Fils ! au lieu d'accabler ta mère, secours-la !
Je me disais : « Mon fils seul, quand il sera là,
Par ses baisers empêchera que je ne meure ! »
Et que fais-tu, devant mon désespoir ? Tu pleures !

Scène VI

LES MÊMES, SOUMANTRA

SOUMANTRA, à Bharata.

Les Brahmes et la Cour, ô Roi ! te font savoir
Qu'il est temps d'accomplir les suprêmes devoirs
Envers ton père et de répandre les offrandes...

BHARATA

A qui donc parles-tu ?

KESSÉYL, à Soumantra.

Ordonne qu'on attende !

(Soumantra sort.)

Scène VII

KESSÉYL, BHARATA

BHARATA

Me prend-il pour Rama?

KESSÉYL

        Non! fils! c'est bien sur toi
Que repose aujourd'hui le lourd pouvoir du Roi!

BHARATA

Que dis-tu? Quelque erreur qui de lui puisse naître,
Rama n'en est pas moins le seul roi, le seul maître!
Et je sens que mon père attend que sur son front
Il prenne en un baiser un suprême pardon.

KESSÉYL

Ah! crois-m'en! volontiers je donnerais mon âme
Pour ramener ici Rama pur de tout blâme;
Que ton père un instant revive parmi nous,
Je serai la première à baiser ses genoux
Et vers ses pieds chéris à prosterner ma face
En lui criant : « Pardon! que le passé s'efface! »
Hélas! il est trop tard! La volonté des morts

N'est-elle pas sacrée? Oh! soutiens-moi! sois fort!
Obéis à Rama lui-même qui t'ordonne
De défendre jusqu'à son retour la couronne!

BHARATA

Son retour? Mais quand donc luira ce jour béni?

KESSÉYL

Las! souvent les oiseaux auront refait leur nid
Avant qu'à ce bonheur notre âme enfin s'abreuve.

BHARATA

Mais je suis trop enfant pour une telle épreuve!
Pourquoi n'est-ce donc pas Lakshmana qui l'a pris
Ce fardeau sous lequel chancelle mon esprit?
Il est fort, lui, du moins! Sa voix, accoutumée
A dominer toujours le fracas d'une armée,
Sait se faire obéir.

KESSÉYL

                    Ton père l'a voulu :
Les vœux d'un père mort ne se discutent plus.
Mon âme n'est pas moins que la tienne meurtrie
De t'avoir rappelé des campagnes fleuries
Où ton doux cœur d'enfant se colorait d'azur,
Pour t'assombrir ici des soins de l'âge mûr.

Je te jure que ce n'est pas sans défaillance
Que j'immole au devoir ta jeune insouciance;
Mais, hélas! il le faut! Mon enfant, aide-moi!

BHARATA

Le vœu d'un père mort est la suprême loi!
C'est bien! J'obéirai. Dis-moi ce qu'il faut faire.

KESSÉYL

Viens une fois encor dans les bras de ta mère,
O mon enfant chéri, mon enfant! N'est-ce pas
Que tu m'aimes encor et que tu m'aimeras
Toujours? J'ai tant besoin, mon enfant, que tu m'aimes!

BHARATA

Mère! j'ai trop besoin de ton amour moi-même;
Que suis-je? un pauvre enfant que tu dois soutenir.

KESSÉYL

Contre les envieux protège l'avenir.

BHARATA

Des envieux? les pleurs provoquent-ils l'envie?

KESSÉYL

Les pleurs, non! mais... mon fils! que ton cœur se défie...

BHARATA

De quoi? mère!

KESSÉYL

De tout, mon enfant! et de rien.
Que je reste en ton cœur comme toi dans le mien!

BHARATA

Toujours!

KESSÉYL

Et sauras-tu les contraindre à se taire
Ceux qui voudraient juger les actes de ton père?
Roi, songe que l'on doit respecter sur ton front
Avec les rois d'hier, les rois qui te suivront.

BHARATA

Ne seras-tu pas là pour éclairer mes actes?

KESSÉYL

La couronne, à Rama, tu dois la rendre intacte,
Voilà tout ton devoir.

(Lakshmana entre résolument.)

Scène VIII

Les Mêmes, LAKSHMANA

BHARATA, allant vers son frère.

Lakshmana!

LAKSHMANA

De mon roi
J'embrasse les genoux.

BHARATA

Pourquoi ce salut froid?

LAKSHMANA

Roi! cette heure appartient aux œuvres solennelles.
Le temps nous presse, car il faut que l'étincelle
Du bûcher que ta main n'a pas encor construit
Monte vers la lumière et non pas vers la nuit.
(A Kesséyl.)
Reine! pardonne-moi si ma voix te dérange,
Mais déjà le soleil empourpre l'eau du Gange.

KESSÉYL

Dis que nous sommes prêts.

9

BHARATA

Mon frère!

LAKSHMANA, se retirant.

Salut, Roi!

KESSÉYL

A l'épreuve suprême, enfant! prépare-toi.

(Les tentures du fond s'écartent, démasquant le catafalque entouré des brahmes, des ministres, de la Cour; Lakshmana et
Kauçalya sont d'abord cachés par la foule.)

Scène IX

BHARATA, LE CHEF DES BRAHMES, KAUÇALYA, KESSÉYL, LAKSHMANA, UNE VIERGE

BHARATA, vers le corps de son père.

Oh! mon père! mon père!

LE CHEF DES BRAHMES

O Roi! que ta prière
Pour son ascension allège l'atmosphère,
Et que tout notre amour, comme un nuage pur,
Porte ce roi des rois aux sommets de l'azur.

BHARATA, toujours au corps de son père.

Que ton cœur batte encore! Oh! qu'une fois encore
Ta bouche parle avant que le feu te dévore!

LE CHEF DES BRAHMES

Hâtons-nous! tout est prêt pour le bûcher royal :
Les fibres d'aloès et le bois de santal,
Et les parfums divins, encens, myrrhe, sésame,
Dignes d'accompagner la plus pure des âmes;
Et pour le sacrifice on a déjà paré
La gazelle au poil noir et le couteau sacré;
Le frottement acti def deux branches d'érable
A déjà fait briller la flamme vénérable
Qui doit permettre au corps de rejoindre l'esprit,
Sitôt que l'on verra le bûcher circonscrit
Par le sillon fécond que ta main résolue
Saura faire tracer au soc de la charrue.

UNE VIERGE

Puis, pour rasséréner ton peuple, fais-lui voir,
Près du présent en deuil, l'avenir plein d'espoir.
Les oiseaux et les chants et les fleurs et les vierges,
Déjà groupés parmi le vert gazon des berges,
Attendent le moment où, suspendant tes pleurs,
Tu salueras en eux les oasis du cœur.

BHARATA

L'espoir! J'en ai si peu! comment en donnerais-je
Aux autres?

LE CHEF DES BRAHMES

Agissons! et qu'Indra nous protège!

BHARATA, apercevant Kauçalya.

Reine! enfin je te vois : permets qu'à tes genoux...

KAUÇALYA

O Roi! si quelqu'un doit se prosterner, c'est nous!

BHARATA

Kauçalya! pourquoi cette froide attitude?
Certes, nous traversons d'âpres vicissitudes :
Mère, épouse, je sais ce que souffre ton cœur;
Mais je souffre avec toi! Pourquoi donc ta froideur?
En dépit du malheur, ne suis-je pas, quand même,
Un peu ton fils? Hélas! j'ai tant besoin qu'on m'aime!
Lakshmana m'a traité lui-même en étranger;
Ah! dites! qu'ai-je fait pour ainsi vous changer?

KESSÉYL

Mon fils! occupe-toi de tes devoirs funèbres!
Ton père attend qu'on le délivre des ténèbres!

LAKSHMANA, à Bharata.

Manquons-nous du respect qu'on doit au roi toujours?

BHARATA

Maudit soit le respect, s'il m'enlève l'amour!
Ne voyez-vous donc pas que mon âme chancelle
Sous le poids d'un devoir déjà trop lourd pour elle,
Et que jamais, enfant, je n'eus comme aujourd'hui,
Mon frère! tant besoin de tendresse et d'appui?

LAKSHMANA

Ce soutien qu'il te faut, ou cet amour sincère,
A d'autres, plus qu'à toi, n'est-il pas nécessaire?
Ton sort te paraît-il seul digne de pitié?

KESSÉYL

Vas-tu donc déchaînant ta basse inimitié,
Devant un lit de mort, tenir les pures âmes
De ce roi presque enfant et de ces pieux brahmes?

LAKSHMANA

Un roi doit être fort.

KESSÉYL

Mais lui n'a pas vingt ans.

LAKSHMANA

Pourquoi l'as-tu fait roi, s'il est encore enfant?

KESSÉYL

Ton père, en héritant, avait bien le même âge,
Et crois-tu qu'on n'ait pas soutenu son courage?

LAKSHMANA

Mon père ne pouvait se soustraire au devoir.

BHARATA

Est-ce une autre raison qui me jette au pouvoir?
Mes larmes, mes sanglots, disent mal mon supplice.
O mon père! si la bonté, si la justice
N'ont pas quitté le monde avec toi pour jamais,
Fais-leur voir que je souffre autant qu'eux et permets
Que ma voix, effaçant ton ordre trop sévère,
Absolve enfin Rama d'une erreur passagère;
Car si lui put faillir, que deviendrai-je, moi?
O Père! rends-le-nous! rends-nous notre vrai roi!

LAKSHMANA

Que dis-tu là? Vas-tu t'associer au crime
En aidant l'assassin à flétrir sa victime?

BHARATA

Je ne comprends plus rien. Parlons à cœur ouvert!

KESSÉYL

Et moi je ne veux pas que des discours amers,
Honteusement souillés d'envieuses colères,
Jusque sur le bûcher profanent votre père.

LAKSHMANA

Eh quoi? c'est nous...

KESSÉYL, à Bharata.

            Mon fils, donne-toi tout entier
A tes tristes devoirs!

BHARATA

            Ma mère, par pitié!
Dis-leur... Je ne suis rien, moi, qu'un docile esclave!
Dis-leur...

KESSÉYL

            Ce que tu sais, mon enfant, ils le savent;
Mais l'envie...

LAKSHMANA

            Ah! c'est trop! A mon tour, je défends

Que la trompeuse voix du crime triomphant
Ose nous accuser, nous, et Rama lui-même...

LE CHEF DES BRAHMES

La colère devant la mort est un blasphème.
Prince! songes-y bien!

LAKSHMANA

       La colère, parfois,
Quand elle est un appel aux inviolables lois,
N'est plus qu'une puissante et suprême prière,
Et mon silence seul profanerait mon père.

KESSÉYL

Qui donc, en face de ce père, m'a promis
De se montrer toujours à nos ordres soumis?
Ne t'ordonnai-je pas à l'instant le silence?

LAKSHMANA

Je me tais si ton fils retire son offense
Et déclare, devant les brahmes attentifs,
Qu'il mentit en disant que Rama fut fautif.

BHARATA

Ai-je, contre Rama, dressé l'ombre d'un blâme,

Et ma voix à ce point trahit-elle mon âme
Que l'on m'ose accuser...

LAKSHMANA

Quelle est donc cette erreur
Dont tu nous as parlé?

BHARATA

Lakshmana! ta fureur
Me trouble. Je ne sais...

LAKSHMANA

Nous crois-tu si crédules?

BHARATA

Mais... tu comprends...

LAKSHMANA

Oui! je comprends que tu recules.
Rama, nous as-tu dit, a trahi son devoir :
Quel devoir? Quand? Comment?

BHARATA

Mais tu dois le savoir!
Moi, je l'ignore même et n'en veux rien connaître,
Car pris entre mon père et Rama, mes deux maîtres,

10

J'obéis sans penser, de crainte que mon cœur
N'ose accuser l'un d'eux d'une fatale erreur.

LAKSHMANA

J'ai de quoi dissiper cette crainte sublime.
Oui! c'est vrai! l'on commit, non une erreur, un crime!
Mais ce crime...

KESSÉYL

Tais-toi! tu ne...

LAKSHMANA

Je parlerai!

KESSÉYL

Mais tu ne connais rien! Ce pénible secret,
Je le possède seule et je dois vous le taire.

LAKSHMANA

Assez de calomnie!

KESSÉYL, à Bharata.

On insulte ta mère,
Mon fils! c'est donc ainsi que tu sais être roi?

BHARATA

Lakshmana! tu fus bon...

LAKSHMANA

Je comprends ton effroi,
Mon frère infortuné! J'avais raison de croire
Qu'innocemment ton cœur servait cette œuvre noire.
Je te sauverai donc : il en est temps encor.

KESSÉYL, à Bharata.

Ne vois-tu pas à quoi tendent tous ses efforts?
Comprends donc que cet être envieux et barbare
N'aura pas de repos si l'on ne nous sépare!
De grâce! impose un terme à ces impuretés!

BHARATA

Mère! nous semblerions craindre la vérité.
Expliquons-nous plutôt! Entre des âmes pures,
Seul un malentendu fait éclater l'injure,
Et si l'un d'entre nous eut quelque désir bas,
Expliquons-nous! Les bons, eux, n'en souffriront pas.
Parle donc, Lakshmana! mais parle sans colère,
Comme il convient devant le corps de notre père.

LAKSHMANA

Mon frère! on s'est joué de toi honteusement,
Car Rama n'a jamais failli, jamais!

KESSÉYL

Il ment!

Mon fils!... ou plutôt non! Il se trompe, il ignore...
Rama, je l'aime aussi; je n'osais pas encore
Dévoiler... Oui! j'eus tort!... On peut me juger mal!...
Crois-moi pourtant, mon fils! seul, un devoir fatal...
Tu me crois, n'est-ce pas?

BHARATA

Je te crois, mais je souffre!
Ne me suspendez pas plus longtemps sur ce gouffre;
Expliquez-moi! Parlez!... Oh! j'ai la tête en feu!...

KESSÉYL, empêchant Lakshmana de parler.

Tais-toi! pas aujourd'hui! demain si tu le veux...

LAKSHMANA

Il faut que le destin à l'instant s'accomplisse!
Et ton fils étant roi sans être ton complice,
Son mépris deviendra ton juste châtiment.
Mon frère! on s'est joué de toi honteusement :
Invoquant un serment oublié de mon père...

KESSÉYL

Eh bien, oui! c'est vrai! soit! et j'en puis être fière;

Oui, mon fils! si les fronts se courbent devant toi,
C'est à moi seule et rien qu'à moi que tu le dois.

BHARATA

Pourquoi m'as-tu menti? Pourquoi m'as-tu fait croire...

KESSÉYL

Je gardais tout le mal et te laissais la gloire!...

BHARATA

Et tu n'as fait de moi qu'un objet de pitié.
·A quel forfait hideux, mère! m'as-tu lié?
Oh! pardon à vous tous, à toi, frère, à toi, Reine!
Quel mépris vous devez avoir et quelle haine
Contre nous!... Oh! mais non! cela ne se pourrait;
C'est une épreuve! Oh! oui! quelle mère voudrait
Ternir ainsi son fils à jamais? quelle mère?

KESSÉYL

Tu comprendras un jour...

BHARATA, sans l'écouter.

                    Mais alors, quoi? mon père,
C'est en me maudissant qu'il est mort? Il est mort!
De désespoir, peut-être?... Assassins, nous, alors?..

KESSÉYL

Mon fils!

BHARATA

Assassins, nous!

LAKSHMANA

Mais non! calme-toi, frère!

BHARATA

Un crime! tu l'as dit.

LAKSHMANA

Mais j'étais en colère!
Apaise-toi! plus tard j'expliquerai comment...

BHARATA

Mon père!... On t'a tué!...

KESSÉYL

Mon enfant! mon enfant!
Écoute! tu ne sais pas tout...

BHARATA

Arrière! arrière!
Rama! je veux Rama! je veux revoir mon frère!

KESSÉYL

Écoute!

BHARATA

Ah! non! va-t'en! et sois... Non! qu'ai-je dit?
Non! oh! non! pas cela! Non! non! moi seul, maudit!

KESSÉYL

Entends-moi donc! Permets du moins que je t'explique...

BHARATA

Non! non! ne parle plus! Cache ton œil oblique
Qui me fait peur!

KESSÉYL, suppliante.

Mon fils!

BHARATA

Où puis-je me cacher?
(Il se réfugie auprès de Lakshmana.)
Mon frère, défends-moi! Cet œil est un bûcher...

KESSÉYL

Mon fils!

BHARATA, à son frère.

Éloigne-le! je suis vivant encore!

Tu ne permettras pas que ce feu me dévore!
Pour les morts seulement on dresse des bûchers!

LAKSHMANA

Frère! sois généreux!

BHARATA

Et tous ces étrangers,
Que font-ils?

LAKSHMANA

Tu sais bien!

BHARATA

Ah! oui! je me rappelle,
Je m'étais endormi... La forêt, les gazelles...

KESSÉYL

Écoute!

LAKSHMANA

Bharata!

BHARATA, regardant le catafalque.

Regardez! ce qui luit,
Là-bas! est-ce l'aurore, ou les pleurs de la nuit?

(Il marche vers le catafalque.)

LAKSHMANA, voulant le retenir.

Reste ici!

BHARATA

Je veux voir!

(S'arrêtant devant le bassin où le corps du Roi baigne dans les essences.)

Une source odorante!...

Un homme!... C'est la vie et la mort qui se hantent!

(Il se détourne.)

LAKSHMANA, désespéré.

Dieux puissants! qu'ai-je fait?

KESSÉYL, tout près de Bharata.

Mon enfant!

BHARATA

Au secours!

KESSÉYL, à genoux.

Mon fils! c'est moi, ta mère! Oh! ne reste pas sourd
A mes sanglots! Entends! C'est ma voix suppliante...

BHARATA, reculant.

Comme elle m'a fait peur, la pauvre mendiante!...

KESSÉYL

Il ne me connaît plus. O Dieux!...

11

BHARATA

Parle moins haut !
Car j'attends la victime ! Avant la nuit il faut
Que son sang ait coulé. Mais il fait déjà sombre ;
Mon poignard !

(Il lève le poignard sur sa mère.)

LAKSHMANA, l'arrêtant.

Malheureux !

BHARATA, luttant.

Quelles sont donc ces ombres
Qui veulent m'arracher la victime ? Ce sont
Les esprits malfaisants envieux des dieux bons.
Arrière ! la victime est promise ; elle est due.

LAKSMANA, à Kesséyl.

Éloigne-toi, de grâce !

KESSÉYL

Ah ! laisse qu'il me tue
Ou plutôt qu'il m'achève !

LAKSHMANA

Au nom de ton enfant,
Éloigne-toi !

KESSÉYL

Pitié! pitié! Je souffre tant!
Sauvez-le! sauvez-le!

LE CHEF DES BRAHMES, l'entraînant.

Supporte ta souffrance
Vaillamment et les dieux auront de l'indulgence.

KESSÉYL

Dis qu'ils me le rendront! Dis qu'ils auront pitié!

KAUÇALYA, la consolant.

Ceux-là seuls sont jugés qui n'ont pas expié.
Peut-être, songes-y, par ce brusque délire
Les dieux ont empêché ton fils de te maudire.
Bénis-les et remets ton sort en leur vouloir :
Ils ne t'ont pas fermé l'horizon de l'espoir.

KESSÉYL

C'est toi, Kauçalya, toi, toi, qui me consoles?

KAUÇALYA

Combien de fois le mal n'est que dans les paroles
Dont l'âme du coupable ignore la laideur!

Mais un sanglot, on sait qu'il vient toujours du cœur,
Et je les connais trop les sanglots d'une mère!

KESSÉYL

Eh quoi! c'est toi qui viens à moi, toi, la première?
Ah! ta douleur, je la mesure avec effroi
Moins à mes propres pleurs qu'à ta pitié pour moi!

LE CHEF DES BRAHMES, auprès de Bharata.

Son esprit s'est enfui vers l'âme de son père.

LAKSHMANA

Lorsque Rama saura ce que je viens de faire,
Que dira-t-il? Comment, de mon courroux malsain,
Ai-je osé profaner les célestes desseins?
Il n'appartient qu'aux dieux de juger les coupables;
Même envers les plus vils et les plus méprisables,
Il faut laisser aux Dieux le temps d'agir : malheur!
A qui substituera sa justice à la leur!
J'ai frappé l'innocent en voulant être juge.

(A Kesséyl.)

Pardon!

BHARATA, faiblement.

Rama?

KESSÉYL

Mon cœur perd son dernier refuge.
O mon fils!

LE CHEF DES BRAHMES, l'arrêtant.

Ne le troublons pas; vois! il s'endort.
Pour apaiser les dieux, occupe-toi d'abord
Des soins que ton époux...

KESSÉYL, à Lakshmana.

Toi! toi seul!

LAKSHMANA

Soyons braves!

KESSÉYL

Ah! laissez, laissez-moi n'être plus qu'une esclave!
(Au chef des brahmes.)
Que dois-je faire, dis! pour chasser le malheur,
Brahme, brahme pieux!

LE CHEF DES BRAHMES

Interroge ton cœur!

Rideau.

III
ACTE

Décor :

Une hutte très primitive
dans une forêt sauvage, l'été.
Près de la hutte, deux peaux de tigre couvrant deux lits de feuilles;
au loin, un fleuve; vers le centre de la scène, un tertre de gazon
formant autel.

Scène I

RAMA, SITA, étendus sur des fourrures.

SITA

oN! Ce regard toujours triste et pensif, pourquoi?
Souffrirais-tu déjà de n'avoir plus que moi
Qui te borne le ciel?

RAMA

Ah! trop vaillante amie!
Je souffre de te voir sacrifier ta vie,
Ta beauté...

SITA

Pour qui donc, sinon pour nos époux,

12

Indra fit-il nos corps souples et nos yeux doux?
N'est-ce assez du regard d'un seul pour que la femme
Sente son corps troublé s'épanouir en âme?
Va! puisse l'avenir valoir notre présent!

RAMA

Tu sais toujours trouver quelque mot apaisant
Pour chasser le brouillard qui voile mon courage;
Mais ton œil fatigué, mais ton pâle visage
Me les font voir, les maux que ta bouche me tait.
Hélas! naguère encor, dans un riche palais,
Sur les tapis moelleux, sous l'or gai des volutes,
Pour toi l'aube naissait parmi le son des flûtes
Et le chant vaporeux de virginales voix.

SITA

Ne chante-t-elle pas, la brise, dans les bois?
Et l'or de nos palais, n'est-il pas ridicule, —
Regarde! — auprès de l'or troublant d'un crépuscule!

RAMA

Oui! mais cet or troublant se dissout dans la nuit
Et quand la brise s'est dissipée avec lui,
La forêt redevient le plus hideux des antres
Où les serpents, foulant les herbes sous leur ventre,

Mêlent leurs sifflements aigus aux cris de mort
Du tigre ou du lion. Ton misérable sort,
Pour la première fois m'a révélé la haine.
S'il t'arrive un malheur...

SITA

                Pourquoi te mettre en peine?
Les tigres, les lions, que puis-je craindre d'eux?
Tu m'en fais des tapis reposants et moelleux;
Tu m'en feras plus tard, quand mourra la verdure,
Des vêtements très chauds, de seyantes parures,
Pour que je sente bien sous tes yeux embrasés,
Que ma lèvre suffit toujours à tes baisers,
Chassant le souvenir de la secrète enceinte
Où t'attendaient des corps encor vierges d'étreintes.

RAMA

J'ai trop vu par mon père où nous jette l'amour
Terrestre, et les longs pleurs après les plaisirs courts.
O ma Sita! ne crains aucun regret infâme :
J'étreins ton corps afin de mieux sentir ton âme!
Aimons en nous ce qui doit survivre au bûcher,
Afin qu'un jour, au Ciel où rien n'est mensonger,
Dans les tièdes senteurs de l'ambre et du cinname,
Nous nous reconnaissions tels que nous nous aimâmes.

SITA

Tu vois tout, tu sais tout, toi! Même l'avenir
Brille dans ton esprit ainsi qu'un souvenir;
C'est un oubli des dieux si parmi nous tu restes :
Ta place est vide, en haut, dans les clartés célestes,
Tandis que moi... J'ai peur quand je te vois si beau,
Si grand!... Je ne pourrai jamais monter si haut!...
Ce monde est bien le mien : fais-en un peu le nôtre!
Peut-être je serai si loin de toi, dans l'autre!...

RAMA

Comme tu me vois trop tel que me veut ton cœur!
Va! tu peux à jamais rejeter cette peur,
Toi dont l'âme, toujours résignée et vaillante
Au contraire, soutient la mienne défaillante.
Ah! je ne pensais pas que l'exil fût si dur!
L'exil, c'était surtout les prés fleuris, l'air pur,
Les pays inconnus, la liberté du rêve;
Les limpides ruisseaux qui, dans leur course brève,
N'ont du moins pas encor, à travers les cités,
De leur glacier natal terni la pureté;
Mon facile idéal colorait toutes choses;
J'attendais des malheurs, certes! mais grandioses!
Je me croyais si fort! Aujourd'hui je comprends
Que les petits devoirs sont plus lourds que les grands.

SITA

Chacun cherche ici-bas un labeur à sa taille!

RAMA

L'effort d'un peuple obscur qui dans l'ombre travaille,
Enfante les héros : c'est lui le créateur.
On mesure l'effort de la plante, à sa fleur!
   (Se levant.)
Au travail, maintenant. Tandis que je vais moudre
Quelques cœurs de palmiers, toi, tu pourras recoudre
Mon pauvre valkala qui s'éparpille au vent.

SITA

Sais-tu que je n'ai presque plus de filaments?

RAMA, fixant le fond de la scène.

Qui donc accourt vers nous? C'est un anachorète!

SITA

Qui veut encor que tu protèges sa retraite
Contre quelque éléphant rôdant près de son toit!
Tous s'adressent à toi comme un peuple à son roi.

RAMA

Regarde! l'on dirait qu'il voit un danger poindre?
Mais c'est bien Çatroughna! Hâtons-nous de le joindre!

Scène II

LES MÊMES, ÇATROUGHNA

RAMA

Pieux brahme! d'où vient la pâleur de tes traits?

ÇATROUGHNA

Frère! Une armée immense envahit la forêt.

RAMA

Une armée!

ÇATROUGHNA

On dit qu'un fils de roi l'accompagne.

RAMA

Son drapeau?

ÇATROUGHNA

Sur fond blanc un cèdre des montagnes.

RAMA

Que me veut-on encor?

ÇATROUGHNA

Ah! j'avais donc raison?
C'est bien toi, ce Rama...

RAMA

D'où connais-tu ce nom ?

ÇATROUGHNA

C'est en chantant ce nom que leur foule s'avance.
Ils veulent arracher leur Prince aux pénitences,
Disent les chefs! Et moi j'eus subitement peur
Pour toi dont les vertus ont enchaîné mon cœur.
Viennent-ils t'honorer ou bien te faire outrage?

RAMA

Qui t'a dit que Rama ce fût moi?

ÇATROUGHNA

                                 Ton courage!
Et sans aucun retard j'ai voulu t'avertir.
S'ils sont tes ennemis, hâte-toi de partir!
Il est temps, car déjà l'approche de leurs lignes
Emplit le ciel du vol épouvanté des cygnes.

SITA

O mon Rama, je tremble! Est-ce encor Kesséyl
Qui voudrait nous troubler jusque dans notre exil?

RAMA

Ne crois jamais au mal, tant qu'est possible un doute.

Et du reste, Sita, ce que mon cœur redoute,
Ce n'est pas un danger pour nous, car à ma voix
Tous nos guerriers se rangeraient autour de moi.
Je crains plutôt que Lakshmana, dans sa colère,
Ne les ait soulevés contre son propre père.
S'il en était ainsi, quels seraient mes remords
A moi qui l'empêchai de partager mon sort?
Ah! sa tâche, le plus difficile, peut-être,
N'est pas de l'accomplir, mais bien de la connaître.

SITA

Je tremble malgré tout.

ÇATROUGHNA

Eh bien! si, par hasard,
Ils lui veulent du mal, moi j'en prendrai ma part,
Afin qu'en maltraitant ou qu'en tuant un brahme,
Plus sûrement encore ils abîment leur âme.
Un brahme ne peut pas tuer, mais il peut bien,
Au sang injustement versé, mêler le sien.

RAMA

Mais songes-y! Qui donc en voudrait à ma vie?
Quels biens me reste-t-il pour provoquer l'envie?
Que peut-on me ravir?

SITA

L'éclat de certains fronts
Est, pour les êtres vils, le pire des affronts.
, Ah! si tu ne crains rien pour toi, qu'il te souvienne
Qu'en attaquant ta vie on attaque la mienne.
Tu ne laisseras pas changer par Kesséyl
En honteux esclavage un glorieux exil.

RAMA

Les dieux seuls ont des droits sur un anachorète;
Je ne permettrai pas qu'on trouble ma retraite,
Et si quelqu'un venait lâchement nous braver,
Je saurais empêcher le mal de triompher;
Car envers moi, non moins qu'envers autrui, m'enchaîne
Le respect que l'on doit à toute vie humaine.

SITA

Prends tes flèches, alors; ton arc!

ÇATROUGHNA

Entends ce bruit!
L'armée approche : vois cette harde qui fuit,
Mêlant les sangliers, les cerfs et les gazelles!
L'air est tout frémissant du battement des ailes;

Une sourde terreur anime la forêt.
Vois! là-bas!... des coursiers! ils viennent!

RAMA

Je suis prêt.

ÇATROUGHNA

Indra! protège-le si le sort est contraire!

RAMA

Ne le disais-je pas? C'est Lakshmana!

Scène III

LES MÊMES, LAKSHMANA

LAKSHMANA

Mon frère!
Et toi, douce Sita! j'embrasse vos genoux.

RAMA

Quel malheur imprévu t'amène auprès de nous?
Parle! une inquiétude effroyable me broie.
Dis-nous vite que c'est mon père qui t'envoie...

LAKSHMANA

Hélas! un Dieu peut seul aujourd'hui se charger
D'être, entre notre père et nous, le messager.

SITA, pleurant.

Voilà pourtant où le sacrifice nous mène!
Ce serment, ce serment maudit qui nous enchaîne...

RAMA

Si je l'avais bravé n'eût pas causé ta mort
O mon père chéri!... Dieux justes, ai-je eu tort?
Quoi? je n'ai même pu lui fermer les paupières?

SITA

Ni mêler nos deux voix aux suprêmes prières!

LAKSHMANA

Frère! ses derniers mots furent pour te bénir.
— « Dis à Rama qu'au Ciel je vais me souvenir
Que son dévouement seul garda mon âme pure,
Car sans lui ma parole aurait une souillure;
A lui, comme à Sita, dis que leur moindre pleur
Constelle à tout jamais et mon âme et la leur;
Que je mets dans mon dernier mot, mon dernier râle,
La bénédiction de notre âme ancestrale.

RAMA

Merci! j'avais besoin d'un encouragement
De celui qui fut tout pour moi, car par moments,
A force de rouler de l'abîme à l'abîme,
On ne distingue plus le bien d'avec le crime.

ÇATROUGHNA

Mon fils! tout le devoir réside dans l'effort;
L'œuvre appartient aux Dieux, les seuls maîtres du sort.
Cesse donc de pleurer et songe que ton père
Attend là-haut ton eau lustrale et ta prière.

RAMA

Pieux brahme! veux-tu présider à nos vœux?
Nuit et jour notre autel garde son humble feu;
Je vais quérir les fleurs, les fruits, l'urne sacrée
Qu'emplit l'eau des tirtas par l'aurore empourprée.

(On fait les apprêts de la cérémonie. Tous se rangent autour du tertre.)

RAMA, faisant les offrandes.

O père! Rois des Rois! loin de qui nos cœurs las
Ne seront désormais qu'un sanglotant murmure,
Daigne accepter cette onde pure
Puisée aux plus sacrés tirtas!

Elle a coulé pour toi vers la source du jour
Quand se rouvrent les fleurs, les âmes et les ailes ;
    Que sa fraîcheur reste éternelle
    Et te désaltère toujours !

Que ces cœurs de palmiers répandus sur le feu,
Ces mangues, ce sésame, et ces herbes fleuries,
    Présents des terrestres patries,
    Te rapprochent de nous un peu.

Baisse tes yeux vers nous qui ne pouvons monter !
Et parfois, quand nos chairs tombent de lassitude,
    Descends dans notre solitude
    Comme un parfum d'éternité !

(Après être resté prosterné un instant, Rama entraîne Lakshmana
vers un coin de la scène.)

RAMA

Viens, frère ! et longuement entretiens-moi de lui.
N'est-ce pas que jusqu'aux derniers instants, l'appui
Des cœurs qui l'entouraient affermit son courage ?
Qu'il est mort sans subir aucun nouvel outrage ;
Que tous vous fûtes bons pour lui ; que Kesséyl...

LAKSHMANA

Il ne l'a plus revue, elle !

RAMA

          Eh quoi ! se peut-il
Que même en l'agonie...

LAKSHMANA

Il m'a dit : « Pour ce crime
Rama peut pardonner, lui seul, lui, la victime;
Moi, je n'ai pas ce droit. »

RAMA

Mais Bharata du moins..

LAKSHMANA

Quand notre frère vint, la grande âme était loin.

RAMA

Ah! pauvre Bharata! S'il ne connaît encore
La triste vérité, qu'à jamais il l'ignore!
Il est si jeune, hélas! mais j'ai foi dans ton cœur
Pour l'aider à remplir son écrasant labeur.
Il faut l'aider! Et dis de même à notre mère...

LAKSHMANA

Le mal est déjà fait! Nul ne peut le défaire,
Et nous venons ici pour te proclamer roi.

RAMA

Qu'as-tu fait?

LAKSHMANA

Kesséyl t'accusait; alors, moi...

RAMA

Quoi? ce serment auquel ton père sacrifie
Si douloureusement sa glorieuse vie,
Ce serment, désormais consacré par sa mort,
Auquel je donne, moi, quatorze ans de mon sort,
Tu le brises, jetant cette suprême offense
A la mort de mon père, ainsi qu'à ma souffrance?

LAKSHMANA

Frère! je ne suis pas criminel à ce point.
J'ai dit à Bharata ce dont je fus témoin;
J'eus tort, car elle avait, sa pauvre âme enfantine,
Pour un fardeau si lourd de trop faibles racines.....
Il n'est pas mort! rassure-toi! mais son esprit,
Laissant veuves sa voix et sa chair, a péri.

RAMA

Que t'a donc fait ma race, et qu'ai-je fait moi-même,
Indra! pour t'irriter contre tous ceux que j'aime?
Si tu veux que je puisse encor lutter, dis-moi
Du moins où nous conduit ton inflexible loi,

Et si, pour effacer ces époques funèbres,
Une aurore de paix naîtra de nos ténèbres.

LAKSHMANA

Cette aube, c'est de toi que tous nous l'attendons.
Kesséyl elle-même, implorant son pardon,
Te dira que toi seul tu peux la faire éclore;
Avec nous, à genoux le royaume t'implore.
Toi parti, notre père mort, tout a croulé :
Viens nous rendre la vie et l'espoir envolé.

RAMA

Que faire? Est-ce quand tout est nuit que l'âme lasse
Doit quitter le sentier que le devoir lui trace?
Non! laissez jusqu'au bout s'effeuiller mon exil!
Restons fermes! Surtout, dis bien à Kesséyl
Que je la plains, d'un cœur pur de toute rancune,
Et qu'elle a son pardon dans sa propre infortune.

LAKSHMANA

Elle vient! tu pourras toi-même...

RAMA

Elle? elle? ici?

LAKSHMANA

Oui! notre mère aurait voulu venir aussi,

Mais, trop faible, elle attend, là-bas, qu'on te ramène ;
Car nous l'avons promis.

RAMA

N'alourdis pas ma chaîne !

LAKSHMANA

N'auras-tu pas pitié de Bharata ? Vois-tu
Son front obstinément vers le sol abattu ?

RAMA

Donnez à nos efforts des floraisons moins lentes,
Dieux bons ! ou soutenez nos âmes chancelantes
En révélant à notre esprit déconcerté,
Un coin de l'immuable et lointaine clarté.

Scène IV

LES MÊMES, KESSÉYL, BHARATA

BHARATA, reconnaissant vaguement Rama.

Rama !

KESSÉYL

Ciel ! il le reconnaît.

BHARATA, s'animant.

Rama!

RAMA

Mon frère!

BHARATA

Toi? c'est toi!... C'est vous tous!... Vous tous!... Aussi ma mère!

RAMA

Oui! c'est nous! c'est nous tous!

BHARATA

Était-ce un cauchemar?
Mon père, où donc est-il?

RAMA

Nous causerons plus tard!
A ton corps épuisé donne un instant de trêve!
Viens dormir!

BHARATA

Non! j'ai peur qu'encore on ne t'enlève;
De grâce! laisse-moi t'écouter et te voir :
Je ne veux pas dormir, mes rêves sont si noirs!

Oh! donne-moi ta main! tiens-moi fort! que je sente
Tout contre moi ton âme avec son corps présente.

RAMA

Ne crains rien! c'est bien moi, vivant!

BHARATA

J'avais si peur
De ne t'apercevoir qu'en un songe trompeur!
Ma mémoire est fermée : un mur d'ombre la borne.

RAMA

Le destin a fait choir sur nous des heures mornes;
Tous, nous avons souffert.

BHARATA

Pourquoi cette forêt?

RAMA

Repose-toi d'abord! Plus tard je te dirai
Ce qu'ont voulu les dieux, pour notre bien sans doute;
Mais maintenant, il faut que tu dormes! Écoute
Ton grand frère; tu dois écouter ses conseils.

BHARATA

Tu le veux?

RAMA

Et je veillerai sur ton sommeil
Pour que nul cauchemar mensonger ne l'endeuille.
Viens! ces moelleuses peaux couvrent un lit de feuilles;
Là tu reposeras calme sous l'œil des dieux.

BHARATA

Mais toi?

RAMA, contraignant doucement son frère à se coucher.

Je serai là quand s'ouvriront tes yeux;
Nos mains agiteront au-dessus de ta couche
Des fleurs afin qu'aucun insecte ne te touche
Ou ne vienne troubler de son bourdonnement
Le repos dont ton corps a besoin.

BHARATA

Un moment
Laisse encore ta main demeurer dans la mienne,
Si tu veux qu'un sommeil plus apaisant me vienne.

RAMA

Je ne te quitte pas : dors, petit frère! dors!
Que l'aube de demain te réveille plus fort,
Plus calme, plus heureux après l'âpre tempête;

Dors et que ton réveil soit un réveil de fête
Où tu te rouvriras comme une fleur de lis.

(Lentement Bharata s'est endormi.)

KESSÉYL

O Rama! c'est donc toi qui sauveras mon fils,
Ne voulant que l'amour pour combattre la haine?
Toujours riche malgré mon crime qui t'enchaîne
Dans cette solitude et cette pauvreté,
Tu portes en toi seul toute la royauté,
Et tandis que je t'ai tout pris, guerriers, or, trône,
Moi je mendie, et toi tu fais encor l'aumône!

RAMA

Ah! ne m'implore pas! n'implore que les dieux,
Pauvre Reine!

KESSÉYL

Oh! non! plus de ce titre odieux
Qui, loin de me prêter son pur éclat, imprime
Sur mon front avili l'image de mon crime.

RAMA

Hélas! c'est pour cela que je frémis de voir
Fleurir en toi trop tôt un trop suave espoir.

Si souvent, au moment où tout semble propice,
On devient l'instrument de son propre supplice!

KESSÉYL

Ne me fais pas trembler!

RAMA

     Ah! tous nous désirons
Voir la paix et le bien rasséréner ton front!
Mais nous ne pouvons rien contre la loi céleste.

KESSÉYL

Mais puisque je le romps, moi, ce serment funeste,
Puisque je ne veux plus...

RAMA

     En as-tu bien le droit?
J'obéis à mon père au moins autant qu'à toi!
Toi-même, ce serment, pendant quatorze années,
A ton triomphe aussi te retient enchaînée.
Mais les dieux ont voulu que ce même pouvoir,
Capté par ton orgueil, créât ton désespoir;
Ils ont voulu surtout que ta triste conquête
T'offrît les longs tourments où l'âme se rachète,
Faisant ainsi servir ta faute à ton salut.

KESSÉYL

Non! ne dis pas cela!

RAMA

Qui de nous le voulut?

KESSÉYL

Si ma douleur ne peut fléchir ton cœur sévère,
Songe aux seuls innocents, à mon fils, à ta mère!
Les dieux les doivent-ils traiter en ennemis
Et les faire souffrir du mal que j'ai commis?
Et toi qui fus si bon quand j'étais méprisable,
Seras-tu froid à l'heure où le remords m'accable?

RAMA

Que ne sais-tu lire en mes yeux! Tu verrais bien
Que mon cœur abattu saigne comme le tien.
Et puis, vois donc Sita! Son visage livide
Et l'éclat douloureux de son regard candide,
Mieux que ne le pourraient des mots, te feront voir
Si notre exil est moins amer que ton pouvoir,
Et si, quand au devoir je te tiens asservie,
Ce n'est, autant que toi, nous que je sacrifie!

BHARATA, se réveillant.

Rama!

RAMA, se rapprochant de lui.

Dors! frère! dors! je suis ici tout près!

BHARATA

J'ai rêvé, n'est-ce pas, qu'on m'a déshonoré?

KESSÉYL, timide, à son fils.

Laisse-moi t'embrasser!

BHARATA, inquiet.

　　　　　　Pourquoi ces yeux humides,
Cette hésitation et cette voix timide?
(Écartant sa mère.)
Non! pas de ce côté! tu me caches Rama,
Et loin de lui renaît tout ce qui m'alarma.
Oh! j'ai sommeil!

RAMA

　　　　　　Eh bien! laisse la paix s'étendre
Sur ton âme d'enfant trop craintive et trop tendre.

BHARATA

Ma mère! jure-moi qu'il restera tout près,
Et toujours! car sans lui, je sens que je mourrais.

KESSÉYL

Tu ne m'aimes donc plus, moi?

BHARATA

Que veux-tu me dire?
Rama! Rama! je sens remonter mon délire;
Il me semble qu'on veut te dépouiller pour moi!

RAMA

Mais non! frère chéri! non!

BHARATA

Ma mère, ta voix...
Non! je ne trouve pas!... tout au fond de moi-même...
Non... Tu me laisseras mon frère si tu m'aimes...
Jure-moi!

KESSÉYL

J'ai juré!

BHARATA

Sois donc bénie aussi!
Maintenant je veux bien me reposer; merci!
Vous pouvez me laisser.

(Rama et Kesséyl s'écartent.)

15

RAMA, à Kesséyl.

Je tremble de comprendre
L'arrêt que par ta voix les dieux viennent de rendre.

KESSÉYL

Quel arrêt?

RAMA

Songes-tu que ce serment nouveau...

KESSÉYL

Ce serment te contraint à nous suivre; il le faut,
Désormais! Tu dois régner; tu dois...

RAMA

Malheureuse!
Tu ne le vois donc pas le gouffre qui se creuse,
Puisque moi, sans faiblir, fidèle à notre sort
Qui m'attache en ces lieux...

KESSÉYL

Mais tu veux donc sa mort
A ce pauvre innocent que terrassent mes fautes?
Quoi? pouvant le sauver, tu dis : non? tu nous ôtes
La dernière espérance?

RAMA

Elle est entre tes mains
Mais n'éclora qu'au prix d'un effort surhumain.

KESSÉYL

Que veux-tu dire?

RAMA

Indra permet que tu rachètes
Ton fils, mais par un long désespoir.

KESSÉYL

Je suis prête

A tout!

RAMA

Es-tu bien sûre?

KESSÉYL

Oh! parle!

RAMA

Dès ce soir
Laisse en mes mains ton fils et retourne au pouvoir!

KESSÉYL

Quoi? tu veux...

RAMA

Ne sois pas moins forte que ma mère.

KESSÉYL

Et c'est toi, Rama, toi que les peuples nommèrent
Le divinement Bon, c'est toi qui peux vouloir
Priver de son seul astre un ciel déjà si noir!
Quand il ne tient qu'à toi que tous nos maux s'apaisent,
Tu fais ce que je fis lorsque j'étais mauvaise!
Non! tu fais pis encor que je n'ai jamais fait :
Au vaincu suppliant tu refuses la paix!
Ne pouvant l'écraser du poids de ta victoire
Sans lui sacrifier ton royaume, ta gloire,
Ta mère, tous les tiens, jusqu'à ton propre sang,
Tu dis : « Qu'ils souffrent tous, même les innocents. »
La justice, qu'importe? Avant tout, la vengeance!

RAMA

Ton courroux, Kesséyl, est digne d'indulgence;
Mais lève un peu tes yeux au-dessus d'ici-bas!
J'accomplis mon devoir; je ne le choisis pas.

KESSÉYL

Que valent donc les dieux et que vaut leur justice
Si toujours le devoir vous entraîne au supplice?

RAMA

Les dieux, s'ils triomphaient, nous rendraient tous heureux.
Mais le vouloir humain dresse son œuvre entre eux
Et la Terre, peuplant sans repos les abîmes,
Ou de difformités ou de splendeurs sublimes
Qui sans trêve à leur tour réagissant sur nous,
Ouvrent les grands espoirs ou les profonds dégoûts,
Rendant plus ou moins lourd, pour les meilleurs eux-mêmes,
L'effort désespéré vers la beauté suprême.
Les dieux ont fait le but; nous créons le chemin :
S'il est rude, n'en accusons que les humains.

KESSÉYL

Tu trouves juste, alors, que l'honneur et la honte
Souffrent les mêmes maux?

RAMA

                    Les dieux tiennent le compte.
Ma mère souffre, mais chacun de ses efforts
Pour sa vie éternelle amasse des trésors,
Tandis que toi, les maux qui blanchiront ta tête
Ne serviront longtemps qu'au paiement de ta dette;
Vous souffrez toutes deux le même désespoir,
Mais elle pour monter, toi pour cesser de choir!

KESSÉYL

Eh bien! puisque je suis de vous tous la moins forte,
Laisse que de ta bouche un mot de pitié sorte!
N'exige pas de moi la même fermeté
Qu'ont les cœurs coutumiers des hautes vérités,
Et ne m'impose pas de tâche surhumaine
Dans ce monde du bien où je débute à peine!
En voulant exiger trop d'un cœur chancelant,
Ne sens-tu pas qu'on décourage son élan,
Et qu'avant de vouloir l'élever sur les cimes
Il faut au moins l'aider à sortir de l'abîme?
Viens ici, Lakshmana! Viens! prête-moi l'appui
De ta voix!... je ne sais pas parler, moi! dis-lui
Que le mal que j'ai fait, puisqu'il peut le défaire,
Il le doit!... qu'il ne peut exiger qu'une mère,
Elle-même à l'exil condamne son enfant,
Son seul enfant!... que lui, puisqu'il est triomphant,
Puisque le seul parfum de son âme sereine
Rend bon l'être pervers, change en amour la haine,
Il doit encourager mon tardif repentir
En empêchant au moins nos malheurs de grandir!

RAMA

Comprends que nous t'aimons, qu'aucun courroux ne reste

En nos cœurs, mais comprends aussi la loi céleste!
Et surtout, n'y vois pas un mesquin châtiment!
Les dieux bons sont trop bons pour punir; seulement,
Quand on s'est entouré de floraisons perverses,
Comment, sans en souffrir, veux-tu qu'on les traverse?

KESSÉYL

Puisqu'il dépend de toi qu'on les puisse éviter,
Ces ronces dont nos cœurs sont tout ensanglantés,
Pourquoi t'obstines-tu...

RAMA

        Nous n'avons pas l'espace
Et l'Infini pour nous; car notre chair nous trace
Le champ très limité qu'Indra livre à nos soins.
Tu laissas envahir par les ronces ton coin
D'éternité : longtemps tu devras, sans révolte,
Le défricher avant d'avoir une récolte.

KESSÉYL

J'ai beau ne pas vouloir, je sens que tu dis vrai,
Pourtant! Mais si mon fils reste dans la forêt,
Avec toi, promets-tu...

RAMA

        Je puis te dire : Espère!

Et si ton fils guérit, il bénira sa mère;
Car sans rien lui cacher de nos malheurs lointains,
Je saurai lui montrer l'âpreté du destin,
Tes pleurs, ton repentir, ta sublime vaillance,
Ton long effort après ta brève défaillance.

KESSÉYL

Mais tu me laisseras rester jusqu'à demain...

RAMA

A l'instant même il faut te remettre en chemin!

KESSÉYL

Oh! l'embrasser, du moins!

RAMA

                    Sois heureuse qu'il dorme
Et que, sans réveiller ses souvenirs informes,
Tu puisses t'éloigner, le cœur empli d'espoir,
Sous la lueur réconfortante du devoir.

KESSÉYL

Tu te tais, Lakshmana?

LAKSHMANA

                    Crois bien que si mon frère

Nous fait pleurer c'est que nos pleurs sont nécessaires.
Viens! il faut obéir!

RAMA

Veille sur eux, Indra!

LAKSHMANA

Viens! si ton cœur faiblit, le mien te soutiendra.

(Il entraîne lentement Kesséyl.)

KESSÉYL

Mon fils! mon Bharata! le reverrai-je encore?

RAMA

Les dieux te secourront si ta voix les implore;
Et puis, songe toujours que tes efforts constants
M'aideront à refaire une âme à ton enfant.

KESSÉYL

Le quitter! le laisser pour si longtemps!

RAMA

Sois ferme!
Les dieux à ta souffrance assigneront un terme
Non éloigné peut-être, et ton enfant guéri,

Par mon ordre quittant notre rustique abri,
Ira dans ton palais apporter la parole
De pardon et d'oubli. Travaille aussi! Console
Ma mère; préparons l'avenir.

(Lakshmana et Kesséyl sont sur le point de disparaître, on entend
un sanglot de Kesséyl.)

BHARATA, dans un demi-réveil.

D'où ce cri?

RAMA, revenant vers lui, près de Sita et de Çatroughna.

Dors! nous veillons sur toi, petit frère chéri!

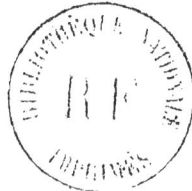

Rideau.

IMPRIMÉ

PAR

CHAMEROT ET RENOUARD

19, rue des Saints-Pères, 19

PARIS

www.ingramcontent.com/pod-product-compliance
Lightning Source LLC
Chambersburg PA
CBHW072113090426
42739CB00012B/2949